Lance Lambert

Vorbereitung

Originaltitel:

„Preparation for the Coming of the Lord“

by Lance Lambert, Christian Tape Ministry,
4424 Huguenot Road, Richmond, Virginia 23235, © 1989

Ins Deutsche übersetzt

Vorwort des Übersetzers

Die folgenden Vorträge gab Lance Lambert im Halford Haus, Richmond/England, und sind hier in Übersetzung mit Erlaubnis von Christian Tape Ministry (Virginia, USA) übersetzt wiedergegeben. Alle Bibelstellen sind, wenn nicht anders angegeben, aus der nach Übersetzung Martin Luthers, Rev. Fassung 1984 zitiert.

Bibliografische Information der Deutschen Nationalbibliothek:
Die Deutsche Nationalbibliothek verzeichnet diese Publikation in der Deutschen Nationalbibliografie; detaillierte bibliografische Daten sind im Internet über http://dnb.dnb.de abrufbar.

Herstellung und Verlag:

BoD – Books on Demand, Norderstedt

ISBN: 978-3-7528-4821-2

Vorbereitung

Kapitel 1	Sei bereit und wache aufmerksam
Kapitel 2	Wo ist Dein Schatz?
Kapitel 3	Diene Gott, wie es Ihm gefällt, in der Macht der Gnade
Kapitel 4	Führe ein Leben in Heiligkeit und Gottergebenheit
Kapitel 5	Konkretes Beten in Beziehung mit dem Ende
Kapitel 6	Schaue aus und eile nach dem Tage von Gottes Kommen

Kapitel 1

Sei bereit und wache aufmerksam

Schriftlesung: Lukas 17, 22-37

Lk 17,22.37: Er sprach aber zu den Jüngern: Es wird die Zeit kommen, daß ihr werdet begehren zu sehen einen Tag des Menschensohnes, und werdet ihn nicht sehen. Und sie werden zu euch sagen: Siehe hier! siehe da! Gehet nicht hin und folget auch nicht. Denn wie der Blitz oben vom Himmel blitzt und leuchtet über alles, was unter dem Himmel ist, also wird des Menschen Sohn an seinem Tage sein. Zuvor aber muß er viel leiden und verworfen werden von diesem Geschlecht.

Und wie es geschah zu den Zeiten Noahs, so wird's auch geschehen in den Tagen des Menschensohnes: sie aßen, sie tranken, sie freiten, sie ließen freien bis auf den Tag, da Noah in die Arche ging und die Sintflut kam und brachte sie alle um. Desgleichen wie es geschah zu den Zeiten Lots: sie aßen, sie tranken, sie kauften, sie verkauften, sie pflanzten, sie bauten; an dem Tage aber, da Lot aus Sodom ging, da regnete es Feuer und Schwefel vom Himmel und brachte sie alle um. Auf diese Weise wird's auch gehen an dem Tage, wenn des Menschen Sohn soll offenbart werden.

An dem Tage, wer auf dem Dach ist und sein Hausrat in dem Hause, der steige nicht hernieder, ihn zu holen. Desgleichen wer auf dem Felde ist, der wende nicht um nach dem was hinter ihm ist. Gedenket an des Lot Weib! Wer da sucht, seine Seele zu erhalten, der wird sie verlieren; und wer sie verlieren wird, der wird ihr zum Leben helfen. Ich sage euch: In derselben Nacht werden zwei auf einem Bette liegen; einer wird angenommen, der andere wird verlassen werden. Zwei werden mahlen miteinander; eine wird ange-

nommen, die andere wird verlassen werden. Zwei werden auf dem Felde sein; einer wird angenommen, der andere wird verlassen werden. Und sie antworteten und sprachen zu ihm: HERR wo? Er aber sprach zu ihnen: Wo das Aas ist, da sammeln sich auch die Adler.

Wir werden betrachten, was das Wort Gottes sagt zum Vorbereitet- und Bereitsein für die Endzeit und das zweite Kommen Christi. Ich werde nicht die Zeichen Seines Kommens behandeln, oder die Reihenfolge von Ereignissen, auch nicht ob wir vor, während oder am Ende der Zeit der Trübsal gehen werden. Dies sind alles Themen, die wir nicht angehen oder doch nur berühren werden. Es ist mir ein Besonderes gewesen, dass so viel geredet wurde über diese Themen und trotzdem vermisste ich den wichtigsten Teil dessen, was unser Herr im Licht Seines Kommens sagte. Das, was wir in dieser Studie betrachten, wird uns in einem gesunden Glauben halten, ob Er nun in diesem Jahr kommt oder im nächsten Jahrhundert, in dieser Generation oder in der nächsten, wenn nur der Herr es auf unsere Herzen schreibt; wenn wir es nur empfangen und gehorchen können, so glaube ich doch, dass der Herr viel mehr für uns tun kann.

Sei bereit

Mt 24,44: *„Darum seid ihr auch bereit, denn des Menschensohn wird kommen zu einer Stunde, da ihr es nicht merket."*

Diese Worte unseres Herrn wurden als Antwort gegeben auf die Frage: „Wann wird das geschehen? Und welches wird das Zeichen sein Seiner Zukunft, und der Welt Ende?" Man beachte, dass Kapitel 24 und 25 von Matthäus an vier Jünger gegeben wurde. Sie wurden nicht an die Welt gegeben, sondern an Gläubige. Vielleicht wenn Du und ich als Gläubige nicht daran denken, dann kommt der Menschensohn.

Mt 25,10: „*Und da sie hingingen zu kaufen, kam der Bräutigam, und welche bereit waren, gingen mit ihm hinein zur Hochzeit, und die Tür ward verschlossen.*“

Lk 12,35.36.40.47: „*Lasst eure Lenden umgürtet sein und eure Lichter brennen und seid gleich den Menschen, die auf ihren Herrn warten, wann er aufbrechen wird von der Hochzeit, damit, wenn er kommt und anklopft, sie ihm sogleich auftun.*

Seid auch ihr bereit! Denn der Menschensohn kommt zu einer Stunde, da ihr's nicht meint.

Der Knecht aber, der den Willen seines Herrn kennt, hat aber nichts vorbereitet noch nach Seinem Willen getan, der wird viel Schläge erleiden müssen.“

Sei bereit. Sei vorbereitet. Das Wort lautet wirklich genau so. In Mt 25 haben wir das Gleichnis von den zehn Jungfrauen. In Lk 12,35-40 (s.o.) haben wir das gleiche Gleichnis nach der Version von Lukas, oder eine sehr ähnliche im Kontext. Allgemein gesprochen wird es als eine Botschaft gehalten an unerlöste Menschen; aber Du wirst bemerken, dass unser Herr zu Jüngern spricht. „*Er antwortete und sprach: Wahrlich, ich sage euch, ich kenne euch nicht. Darum wachet, denn ihr wisset weder Tag noch Stunde.*“ (Mt 25,12.13). Dies war eine Warnung an Jünger. Ohne Zweifel können viele gute Botschaften zu diesem Gleichnis der zehn Jungfrauen gepredigt werden. Es scheint mir jedoch als ein sehr vereinfachtes Verständnis zu glauben, dass es mit fünf geretteten und fünf ungeretteten zu tun hat. Es stimmt, dass wir Probleme haben mit der Annahme, dass alle zehn gerettet sind, aber es gibt einige Punkte, welche wir hervorheben sollten für ein geeignetes Verständnis.

Als erstes wirst Du bemerken, dass alle von ihnen Jungfrauen sind, nicht Prostituierte. Der Herr spricht von der Welt immer als von einer Prostituierten. Und von den Unreinen als von Prostituierten. Alle diese waren Jungfrauen.

Zweitens: alle sind verantwortungsbewusste Teilnehmer an der Hochzeit. Es war ein sehr wirklicher und notwendiger Bestandteil einer jüdischen Hochzeit in jenen Tagen, Jungfrauen zu haben, die dem Bräutigam und die Braut begleiteten. Sie waren ganz verantwortungsbewusste Menschen.

Ferner hatten alle Lampen, hörten den Mitternachtsruf; und noch bemerkenswerter: sie machten alle ihre Lampen fertig. Es ist völlig falsch zu sagen, dass fünf kein Öl hatten, weil sie sagten, ihre Lampen würden ausgehen. Sie würden ihre Lampen nicht bereitet haben, wenn kein Öl darin gewesen wäre. Sie machten ihre Lampen fertig, weil ihre Lampen leuchteten und am ausgehen waren. Sie hatten alle Lampen und sie hatten alle Öl. Sie bereiteten den Docht, als sie den Mitternachtsruf hörten; aber fünf hatten keine Ölreserven und die anderen fünf hatten. Die fünf, die keine Ölreserven hatten, wendeten sich an die, die Ölreserven hatten, und sagten: *„Gebet uns von eurem Öl*". In anderen Worten: Gebt uns von euren Reserven. Und sie sagten: *„Nicht also, auf dass es nicht uns und euch fehle. Gehet aber hin zu den Krämern und kauft für euch selbst.*"

Es wird weitaus ernster und nüchterner, wenn Du erkennst, dass alles mit Reserven zu tun hat. Bereit zu sein ist daher nicht nur ein Erlöstsein, so notwendig dies auch ist. Das Erlöstsein ist offenbar der erste Schritt zum Bereitsein. Wenn ein Mensch nicht von neuem geboren ist, ist er völlig unvorbereitet für das Kommen des Herrn; doch ist Bereitsein nicht das gleiche wie Erlöstsein. Wir haben genug Warnungen in den angeführten Bibelstellen, die uns hellhörig machen, auch wenn wir wahrhaftig von neuem geboren sind und mit dem Herrn wandeln. Es ist nicht allein, dass wir erlöst sind und auch nicht, dass wir einige Erkenntnis haben; auch ist es nicht allein das Eingebundensein in Gottes Interessen, auch nicht das Erfülltsein mit dem Heiligen Geist oder anders gesagt das Erfahren des Heiligen Geistes. Wir müssen Reserven haben.

Immer wieder hat das mit Reserven zu tun, das uns in Krisenzeiten herausfindet. Ein Mensch mag vor 10 Jahren enorme Erfahrungen mit dem Herrn Jesus gemacht haben; doch wenn er oder sie plötzlich beraubt werden, verlieren sie vollständig die Nerven - sie zerbrechen. Manchmal findest Du jemand, der scheinbar treu mit dem Herrn gewandelt ist, hat eine echte und klare Erkenntnis des Wortes Gottes und der Absicht des Herrn. Dann plötzlich tritt in deren Familien-, Privat- oder Berufsleben ein unlösbares Problem auf, und in diesem Moment zerbrechen sie. Ich könnte Dir davon eine Menge Beispiele geben. Ich wünsche von ganzem Herzen, dass jeder Gläubige so entschieden stehen würde wie mancher von denen in Erkenntnis der Ziele des Herrn und des Weges, auf dem uns der Herr zur Vervollkommnung bringen möchte. Trotzdem ist in deren Leben irgendein echtes Problem aufgetaucht, welches sie zum vollständigen Zusammenbruch brachte. Sie hatten keine Reserven. Sie waren erlöst, von neuem geboren, in Gottes Interessen eingebunden und hatten Erfahrung mit dem Heiligen Geist; doch als es zur Krise kam, hatten sie keine Reserven, auf die sie zurückgreifen konnten.

Man braucht nur darauf zu achten, was in Russland geschehen ist, in Osteuropa oder im kommunistischen China, um zu erkennen, dass der Herr uns eine sehr, sehr ernste Warnung gibt - SEI BEREIT! Hänge Dich nicht einfach an Deine Bekehrung, oder in Deine Mitarbeit in Gottes Werk, oder in Deine Erkenntnis des Wortes Gottes und der Absicht Gottes, auch nicht in eine Erfahrung mit dem Heiligen Geist, so gewaltig und notwendig dies alles auch sein mag. Du musst geistliche Reserven haben, wenn Du in Krisenzeiten durchkommen willst.

Diese Sache mit den genügenden Reserven ist enorm wichtig. Solches Bereitsein ist nicht irgendeine schnelle, schlampige, momentan erzeugte Vorbereitung. Es gibt viele Gläubige, die zu denken scheinen, dass sie sorglos leben können, nur weil sie erlöst sind, oder weil sie im Werke Gottes mitarbeiten, oder weil sie sich mit dem Volke Gottes versammeln oder weil sie Erfahrung mit dem Heiligen Geist haben. Sie scheinen zu denken, dass wenn endlich die Dinge im Himmel beginnen zu geschehen, dass sie sich dann zu der Zeit bereit machen werden, sie werden die Angelegenheiten beiseitelegen, welche ihr Herz geteilt haben, sie werden diese Sünden offenlegen, bekennen und zurechtbringen. Liebes Kind Gottes, Du kannst es nicht. Reserven haben heißt eine gewisse Voraussicht und Vorausüberlegung zu haben. Die ganze

Menschheit kann in zwei Gruppen eingeteilt werden: jene mit Voraussicht und Vorausüberlegung und solche ohne dieses. Viele von uns sind Opportunisten - wir fahren dahin und nehmen alles, wie es kommt. Wir haben keine Voraussicht zu den Wegen, wie die Dinge kommen. Wir denken nicht voraus und wenn die wirkliche Krise kommt, trifft sie uns völlig unvorbereitet. WIR MÜSSEN RESERVEN HABEN. Unser Herr redete auch in Worten, welche uns im Lichte Seines Kommens tatsächlich sehr viel zu sagen haben:

„Was nennt ihr mich aber Herr, Herr, und tut nicht, was ich euch sage? Wer zu mir kommt und hört meine Rede und tut sie - ich will euch zeigen, wem er gleicht. Er gleicht einem Menschen, der ein Haus baute und grub tief und legte den Grund auf Fels. Als aber eine Wasserflut kam, da riss der Strom an dem Haus und konnte es nicht bewegen, denn es war gut gebaut. Wer aber hört und nicht tut, der gleicht einem Menschen, der ein Haus baute auf die Erde, ohne Grund zu legen; und der Strom riss an ihm und es fiel gleich zusammen, und sein Einsturz war groß.“ (Lk 6,46-49)

Ich glaube, dass in den Tagen der Endzeit, ob wir nun alle vor der Trübsalzeit hinweggenommen werden oder nicht, es genügend weltbewegende Ereignisse geben wird, um sehr viele Gläubige von ihrem Glauben abzubringen. Viele werden ernüchtern, viele werden erschöpft werden durch das, was um sie herum vorgeht - die ganze Atmosphäre des Bösen und der Unterdrückung. Deswegen wird in diesen Tagen offenbar werden, wer die Voraussicht und Vorausüberlegung hat um tief zu graben und das Fundament auf den Fels zu legen. Liebes Kind Gottes, Du kannst solches nicht über Nacht tun. Du kannst nicht den herannahenden, dunklen Sturm plötzlich sehen und sagen: „Schnell, ich muss tief graben; ich muss mein Haus auf Felsengrund bauen.“ Das ist es was ich meine, wenn ich von Voraussicht und Vorausüberlegung spreche. Viele Gläubige scheinen zu denken, dass wenn sie einmal die sich sammelnden Wolken sehen, sie wild zu graben beginnen können und den Grund gelegt bekommen. Es wird zu spät sein. Erinnere Dich an die fünf törichten Jungfrauen! Sie erkannten, dass sie keine Reserven hatten. Und so kann es mit Dir und mit mir kommen.

„Wer mein Wort hört und danach tut ...“. Denke nicht, dass ein Mensch stehen kann außer durch die Gnade Gottes. Die Geschichte der Kirche in den letzten 30 oder 40 Jahren ist gefüllt mit Nachfolgern des Herrn in China und Osteuropa und Russland, die zusammenbrachen als das große Gericht kam. Männer, von denen man dachte, dass sie stehen, fielen um; andere, von denen man dachte, dass sie umfielen, bestanden die Prüfung. Denke niemand, von den Vorstehern bis zum neuest geborenen Gotteskind, dass er automatisch bewahrt wird. Es ist eine Sache der geistlichen Reserven. Unser Herr sagte nicht einmal, sondern immer wieder: Sei bereit. Mitmachen allein ist nicht genug. Es ist nicht genug, Erfahrung mit dem Heiligen Geist zu haben. Versichere Dich, dass Du diese Reserven hast.

Das Amt des Heiligen Geistes

Wie bekommen wir diese Reserven? Solche geistlichen Reserven sind alle eingebunden in dem praktischen Amt des Heiligen Geistes. Du kannst über Lehren reden, bis sich Dein Gesicht blau färbt, über geistliche Theorien und über Ideale von dem Worte Gottes, aber solange nicht der Heilige Geist die praktische Führung Deiner Ausbildung übernimmt, Deiner Erleuchtung und Deiner Erfahrung, wirst Du kein bisschen an Reserven haben. Nur der Heilige Geist kann solches herstellen. Irre Dich hierin nicht! Keine Menge menschlichen Verstandes wird Dich durch diese letzten Tage der Dunkelheit bringen. Ich beziehe dies nicht auf die Zeit der großen Trübsal, sondern auf den Druck, der vor dieser Zeit kommen wird. Solange Du und ich nicht das Innewohnen und die Stärkung des Heiligen Geistes im vollsten Ausmaß kennen, werden wir unter jenem Druck zusammenbrechen.

Viele Menschen denken gerettet zu sein nach der unmittelbaren Erfahrung des Heiligen Geistes oder nach dem Erfülltsein mit dem Heiligen Geist. Es ist nicht so! Es wird nur dann so sein, wenn der Heilige Geist wirklich in der Lage ist, Dich zu belehren, auszubilden und zu disziplinieren. Er wird etwas in Dir erzeugen, was sehr tief geht und Dir Wurzeln gibt, die nach Christus ausgerichtet sind und Dir ein Fundament legt, das auf einem Felsen gegründet ist. Mancher fragt: „Ist nicht das Wichtigste in der Endzeit zu hören, was der Geist den Gemeinden sagt?" Genau, aber nur diejenigen können hören, was der Geist sagt, die das praktische Amt des Heiligen Geistes kennen. Zu den anderen ist es entweder ein „Glauben machen" oder einfach ein Hervorzaubern irgendwelcher Dinge. Nur der Heilige Geist kann uns ein Ohr zum Hören geben, kann dieses Ohr auftun und uns zum Hören befähigen. Nur der Heilige Geist kann uns die Fähigkeit und Kraft geben zu gehorchen, was es auch immer kosten mag.

Betrachten wir einige Stellen im Alten Testament, welche alle auf das Thema *Bereit sein* zurückgehen. Die Prophetie von Joel besteht nur aus drei Kapiteln, doch diese drei Kapitel beinhalten eines der drei größten Ämter im Alten Testament. Am Tage von Pfingsten stand Petrus auf und sagte durch den Heiligen Geist: „*Dies ist es, das durch den Propheten Joel zuvor gesagt ist.*" (Apg 2,16). In Joel 3 haben wir die Worte, von denen Petrus sagte, dass sie erfüllt seien oder begannen, am Tage von Pfingsten erfüllt zu werden. Wenn wir jedoch zum Kapitel 4 von Joel weitergehen, sind wir sofort im letzten großen Kampf der Menschheitsgeschichte. Wenn wir aufmerksam die Worte von Joels Prophetie betrachten, wie sie von Petrus durch den Heiligen Geist verwendet werden in Apostelgeschichte Kapitel 2, bemerken wir, dass diese an diesem Tag nicht bis ins letzte Detail erfüllt wurde:

Joel 3: „*Und es soll geschehen in den letzten Tagen, spricht Gott, da will ich ausgießen von meinem Geist auf alles Fleisch; und eure Söhne und eure Töchter sollen weissagen, und eure Jünglinge sollen Gesichte sehen, und eure Alten sollen Träume haben; und auf meine Knechte und auf meine Mägde will ich in jenen Tagen von meinem Geist ausgießen, und sie sollen weissagen.*

Apg 2,17-21: *Und ich will Wunder tun oben am Himmel und Zeichen unten auf Erden, Blut und Feuer und Rauchdampf; die Sonne soll in Finsternis und der Mond in Blut verwandelt werden, ehe der große Tag der Offenbarung des Herrn kommt.*

Und es soll geschehen: wer den Namen des Herrn anrufen wird, der soll gerettet werden.“

Es scheint klar, dass Joel nicht nur von Pfingsten spricht, sondern auch von dem Tage des Herrn. Lukas und Matthäus sprechen beide von großen Zeichen in Sonne, Mond und Sternen, wenn die Himmel buchstäblich erschüttert werden. Das ist die allerletzte Phase. Aber ist es nicht interessant, dass wir eine Prophetie von Joel haben, welche begann sich am Pfingsttage zu erfüllen und welche die ganze Geschichte der Kirche Gottes charakterisiert? Zu jeder Zeit gab es eine Vorwärtsbewegung, gab es ein Minipfingsten. Durch die Kraft des Heiligen Geistes sind Männer und Frauen durch die Gnade Gottes gerettet und mit ihrem lebenden Haupt verbunden worden und haben den Willen ihres Hauptes auf Erden getan.

Wenn dies alles wahr ist, dann sollten wir in den letzten Tagen nach etwas suchen, das die letztendliche Erfüllung von Joels Prophetie sein wird. Wie ehrfurchtgebietend und beängstigend ist doch das letzte Kapitel Joels in mancher Hinsicht, aber wie wundervoll in anderer.

Liebes Gotteskind, Du und ich werden in diesen letzten Tagen niemals bestehen, wenn nicht der Herr wirklich über uns kommt und uns hilft. Wenn Du und ich uns ängstigen vor dem Heiligen Geist, so mag Er uns in jenen letzten, vor uns liegenden Tagen helfen. Was wir auch immer glauben mögen über das Werk des Heiligen Geistes, ob wir uns völlig irren darin, dass Du eine zweite Erfahrung haben solltest oder nicht; in den letzten Tagen brauchen wir eine erfüllende Erfahrung durch den Heiligen Geist. Wenn wir das nicht haben, werden wir mit Liebe und Glaube nicht durchkommen. Unsere Liebe wird erkalten und unser Glaube wird zu Zynismus werden. Nur der Heilige Geist kann davor bewahren.

In Sacharja 4, 6-7 wird uns über einen weiteren Angelpunkt der letzten Schlußphase erzählt (nach der engl. King-James-Übersetzung):

„Und er antwortete und sprach zu mir: Das ist das Wort des Herrn an Serubbabel: Es soll nicht durch Heer oder Kraft, sondern durch meinen Geist geschehen, spricht der Herr Zebaoth.

Wer bist du, du großer Berg, der du doch vor Serubbabel zur Ebene werden musst? Er wird hervorholen den Schlußstein, so dass man rufen wird: Gnade, Gnade herzu!"

Der Ruf wird nicht sein „Macht, Macht herzu" oder „Ehre, Ehre herzu", sondern „Gnade, Gnade herzu". Die letzte Phase der Absicht Gottes wird vervollständigt, erfüllt werden durch die Gnade Gottes und durch das Amt des Heiligen Geistes. Deswegen kannst Du nicht bereit sein fern von der Person und dem Werk des Heiligen Geistes.

Vor Jahren hörte ich jemanden sagen, dass die letzte Phase des Kirchenzeitalters eine Erneuerung unseres Verständnisses zur Person und dem Werk des Heiligen Geistes sein wird. Der Herr weiß genau, was er tut, Er richtet unsere Aufmerksamkeit wieder auf die Person und das Wirken des Heiligen Geistes, damit wir bereit gemacht werden, das heißt vorbereitet werden für das was vor uns liegt. Sei deswegen aufmerksam an solchem Tag und zu solchem Zeitpunkt. Sei sehr aufmerksam. Denn selbst wenn wir das Innewohnen und die Stärkung des Heiligen Geistes kennen im größten Maße, werden wir weder den Tag noch die Stunde kennen. Unser Herr sagte zu jenen vier Jüngern: „Zu einer Stunde, da Ihr es nicht meint, wird der Menschensohn kommen." Lasst jeden von uns darauf achthaben.

Wache aufmerksam

Mt 25,13: „*Darum wachet! Denn ihr wisst weder Tag noch Stunde.*"

Man könnte denken, dass vielleicht jene, welche aufmerksam wachen, wenigstens den Tag wissen, wenn auch nicht die Stunde. Aber auch mit der aufmerksamsten Wache wird Dir weder Tag noch Stunde, noch Monat oder Jahr genannt werden. Deshalb solltest Du wach sein. Das bringt uns zu der Frage, was „Wachsein" eigentlich bedeutet. Es bedeutet nicht: Wache und es wird Dir klar werden, dass der Herr nächsten Monat kommt. Es bedeutet: wache, damit Du nicht verführt wirst (Mk 14,38), damit Du nicht irregeleitet wirst oder damit Du nicht stolperst.

Mt 24,42: „*Darum wachet; denn ihr wisst nicht, an welchem Tag euer Herr kommt.*"

Lk 21,34-36: „*Hütet euch aber, dass eure Herzen nicht beschwert werden mit Fressen und Saufen und mit täglichen Sorgen und dieser Tag nicht plötzlich über euch komme wie ein Fallstrick; denn er wird über alle kommen, die auf der ganzen Erde wohnen. So seid allezeit wach und betet, dass ihr stark werdet, zu entfliehen diesem allen, was geschehen soll, und zu stehen vor dem Menschensohn.*"

Mk 13,33-37: „*Seht euch vor, wachet! Denn ihr wisst nicht, wann die Zeit da ist. Wie bei einem Menschen, der über Land zog und verließ sein Haus und gab seinen Knechten Vollmacht, einem jeden seine Arbeit, und gebot dem Türhüter, er solle wachen: So wacht nun, denn ihr wisst nicht, wann der Herr des Hauses kommt, ob am Abend oder zu Mitternacht oder um den Hahnenschrei oder am Morgen, damit er euch nicht schlafend finde, wenn er plötzlich kommt. Was ich aber euch sage, das sage ich allen: Wachet!*"

1. Thess 5,6: „*So lasst uns nun nicht schlafen wie die andern, sondern lasst uns wachen und nüchtern sein.*"

Was bedeutet das: Wachet? Es bedeutet in gespannter Aufmerksamkeit und wachen Sinnes sein; buchstäblich „wach bleiben“; geistlich aufmerksam und wach bleiben zu jeder Zeit. Aus solcher Wachsamkeit heraus kommt wahres Gebet. So viele Gebete sind Routine, fallen zurück auf eines anderen Information oder auf ein Muster, gemäß dem wir normalerweise predigen. Jene die wachen, wirst Du bemerken, sind immer solche, die ein Gebet beginnen. Diese sind Menschen, die lebendig sind, wach und aufmerksam. Darum kann ihnen eine Last im Herzen liegen, die Gebet hervorbringt.

Dieses Thema des Aufmerksam-Bleibens ist enorm wichtig. Lukas gibt einen sehr hohen Standard vor: „Wache zu jeder Zeit“. Du könntest gedacht haben, dass der Herr uns ab und zu eine kleine Verschnaufpause geben würde und sagt: „also gut, schlafe“ oder: „ein Drittel kann schlafen, zwei Drittel bleiben wach“. Das macht Er aber nicht. Geistlich gesehen heißt es: kein Schlaf. Schlafen bedeutet schläfrig werden und obwohl Du versuchst die Augen offen zu halten, schaffst Du es einfach nicht; so sehr Du es auch versuchst. Schlafen heißt auch: nichts mehr zu sich nehmen. Es wird alles ein belangloses Gerede. Das genau kann passieren ohne das Hören auf den Herrn, auf das Wort Gottes oder auf das, was um uns herum geschieht; es wird ein belangloses Gerede und wir schlafen langsam ein.

Bleibe wachsam und aufmerksam zu jeder Zeit, weil es nämlich die Wachenden sind, die entkommen werden den Dingen, die da über die Erde kommen werden und die stehen werden vor dem Menschensohn. Heißt das, dass es Gläubige gibt, die nicht entkommen werden den Dingen, die da kommen werden über die Erde? Werden nicht alle von Neuem Geborene vor dem Menschensohn stehen? Warum erzählt uns der Herr ganz klar: *„So seid allezeit wach und betet, dass ihr stark werdet, zu entfliehen diesem allen, was geschehen soll, und zu stehen vor dem Menschensohn.“* (Lk 21,36)

Echtes Gebet

Eines können wir sofort sagen: wach und aufmerksam bleiben ist verbunden mit Beständigkeit und Durchhaltevermögen. Es ist auch verbunden mit echtem Gebet. Anders gesagt wird Routinegebet nicht ausreichen, wenn wir diese Tage kommen sehen (wenn wir nicht schon in dieser Zeit leben). Natürlich brauchen wir das übliche Gebet; aber wenn wir nicht leben und wach sind, können wir nie über dem beten, was uns überraschen oder umdrehen könnte. Nur wenn wir leben und wach sind, Wachmänner an den Mauern Zions, werden wir die Dinge sehen, die sich entwickeln und beginnen, bevor wir beten: „Herr, bereite uns. Herr, was sollen wir tun? Wie?" Du kannst nicht plötzlich erwachen zu irgendeinem Zeitpunkt und sofort wissen, was zu tun ist, wenn Du nicht zu den Menschen gehörst, die aufpassen anstatt schlafen, die wach anstatt trunken sind. Wenn solches geschieht, wie können wir alle zusammenkommen und sagen: „Lasst uns jetzt beten. Was sollen wir tun?" Wir werden nicht einmal in der Lage sein, zusammen zu kommen. In den kommenden Jahren ist es genau das, was wir brauchen, um am Leben zu bleiben bevor es geschieht.

Vieles wird uns überraschen, doch wenn der Herr weiß, dass eine Gruppe von Menschen so lebendig und wach ist wie möglich, wird er gewiss etwas für den Notfall tun. Er wird eine besondere Gnade senden, und wenn es auch eine ganze Abordnung von Engeln ist. Er wird sie hersenden und sagen: „Seht nun zu, dass dieses Volk beschützt wird. Sie sind die Jahre hindurch lebendig geblieben. Sie haben gebetet und gebetet. Jetzt werden sie von den Ereignissen überrascht - beschützt sie."

Gib acht auf Dein Herz

Lk 21,34: *„Hütet euch aber, dass eure Herzen nicht beschwert werden mit Fressen und Saufen und mit täglichen Sorgen und dieser Tag nicht plötzlich über euch komme wie ein Fallstrick."*

Mk 13,9.23.33: *„Ihr aber seht euch vor! Denn sie werden euch den Gerichten überantworten, und in den Synagogen werdet ihr gegeißelt werden, und vor Statthalter und Könige werdet ihr geführt werden um meinetwillen, ihnen zum Zeugnis.*

Ihr aber seht euch vor! Ich habe euch alles zuvor gesagt!

Seht euch vor, wachet! Denn ihr wisst nicht, wann die Zeit da ist."

Was bedeutet das? Es bedeutet: gib acht auf Dein Herz. Denke nicht, weil Du erlöst bist oder weil Du zu einer Gemeinschaft von Gläubigen gehörst, die im Herrn wandeln, bist Du automatisch bereit und würdest bewahrt werden. „Habe acht auf Dich selbst, auf dass Dein Herz nicht überladen wird."

Lk 21,34 (nach der engl. NAS-Übersetzung): „Hab acht darauf, dass dein Herz nicht niedergedrückt sein wird durch ein zügelloses Leben, durch Trunkenheit und durch die täglichen Sorgen und dieser Tag plötzlich über dich komme wie ein Fallstrick; denn es wird über alle jene kommen, die in der Welt leben. Aber sei wachsam zu allen Zeiten; bete, damit du die Kraft haben mögest all dem zu entfliehen das kommen soll und um zu stehen vor dem Menschensohn."

Lk 21,34 (nach der engl. Philips-Übersetzung): „Achte darauf, dass mein plötzliches Kommen dich nicht schlafend finde; lass mich dich nicht in leichtfertiger Unbesorgtheit lebend vorfinden, in Trunkenheit und beschäftigt mit den Sorgen dieses Lebens wie alle anderen in der Welt. Habe immer ein wachsames Auge und bete, dass es für dich möglich ist in meine Gegenwart zu kommen ohne diese schrecklichen Erfahrungen machen zu müssen."

Es ist für mich überraschend (ich sage das zu meinem eigenen Herzen, es mag bei Dir anders sein), dass wir nicht so über diese Bibelworte nachdenken, wie wir sollten:

Lk 21,34 (nach der engl. ASV-Übersetzung von 1901):
„Habe acht auf dich selbst, damit dein Herz nicht überladen wird durch Übersättigung, mit Trunkenheit und mit den Sorgen dieses Lebens, und jener Tag plötzlich über dich kommt wie eine Schlange."

Nun kommen in dieser Welt Fallen nicht plötzlich an Dich heran. Hast Du jemals gehört, dass eine Falle daherkommt und plötzlich zuschnappt? Was ist eine Falle? Es ist wie eine Art Mausefalle. Du gehst spazieren und plötzlich bist Du gefangen. Es gibt kein Wegkommen. Unser Herr sagt: „Pass auf! Mein Kommen wird sein wie eine Mausefalle. Plötzlich! Und so wird der Rest der Welt gefangen werden, aber Dir muss es nicht so ergehen."

Was wird uns gefangen nehmen wie den Rest der Welt? Er sagt: „Gib acht auf Dich, auf dass Dein Herz nicht überladen wird." Überladen! Überlastet, so dass Du vielleicht niedergedrückt wirst. Du kommst in einen Zustand in dem Du denkst, dass die ganze Welt auf Deinen Schultern liegt. Dieses Niedergedrücktsein besteht aus drei Elementen: Übersättigung ... Trunkenheit ... und die täglichen Sorgen.

Übersättigung

Was ist Übersättigung? Du wirst bemerken, dass viele der modernen Übersetzungen das Wort Ausschweifung gebrauchen. Ausschweifung ist etwa verbunden mit: wegwerfen, zerstreuen, vergeuden, verschwenden. Du hast Talente, Du hast Energien, Du hast ein gesichertes Leben und Du verschwendest dies alles oder wirfst es weg. Es gibt Tausende von Christen, die ihr eingelöstes Leben andauernd verschwenden; es ist die Verschwendung der Kraft des Heiligen Geistes; die Verschwendung der Gnade Gottes. Wir vergeuden es einfach, weil wir nicht vorsichtig sind.

Trunkenheit

Ich bezweifle, dass viele Gläubige in die Sparte dieser Art von Trunkenheit fallen. Aber was ist Trunkenheit? Warum betrinken sich Menschen? Es ist eine Art von Flucht. Man spült seine Sorgen mit Trinken weg. Man weigert sich, die Wirklichkeiten so zu sehen wie sie sind einfach durch das Hinunterschütten von Alkohol. Es gibt Christen, die ihr Ehrenwort zur Treue gaben und danach der Trunkenheit schuldig sind, wie ich es sehe, weil sie sich weigern, die Wirklichkeit so zu sehen, wie sie ist, die Wirklichkeiten ihrer Lebhaftigkeit oder ihrer Vergangenheit. Wir erlauben es dem Herrn nicht, mit uns zu handeln. Wir befinden uns in einer Art von Flucht, einer Art von Rausch, fortlaufend wegrennend.

Mein lieber Freund, wenn dieser Tag über der ganzen Welt wie eine Falle zuschnappt, werden diejenigen schon erkannt werden, die sich nicht der Wirklichkeit ihrer eigenen Natur und Vergangenheit und Lebhaftigkeit gestellt haben und die es dem Herrn nie erlaubt haben, mit ihnen zu handeln. Es ist viel besser tief zu graben und Gott zu erlauben jetzt mit uns zu handeln, wenn es in unserer Natur Probleme gibt. Wenn es Probleme gibt, die wir geerbt haben, oder Probleme im Leben haben, vor denen wir wegrennen, lasst sie uns jetzt angehen. Lasst den Heiligen Geist jetzt die Arbeit tun.

Die täglichen Sorgen

Ich mag diese Formulierung: „.die täglichen Sorgen". Eine andere Übersetzung lautet: „beschäftigt mit den Problemen dieses Lebens". Ich frage mich, wie viele von uns mit den Problemen dieses Lebens beschäftigt sind? Ohne Zweifel würden enorm viele von uns damit fertig werden, wenn wir alle ehrlich miteinander umgehen würden. Jemand hat ein familiäres Problem; ein anderer ein berufliches Problem oder ein Problem mit dem Chef oder mit einem Angestellten, oder ein Problem mit dem Ehemann, der Ehefrau, oder ein Problem mit den Kindern, den Eltern. Ist es denn nicht richtig, dass wir uns mit diesen Problemen auseinandersetzen sollen? Doch! Aber es ist interessant zu erkennen, dass wir derart in den täglichen Sorgen stecken können, dass jener Tag, der urplötzlich wie eine Mausefalle über die ganze Erde kommt, uns überrascht und uns zum Fallen bringt.

Übersättigung ... Trunkenheit ... tägliche Sorgen. Wenn wir nicht aufmerksam wachen werden wir sehen, dass das eine oder andere Problem davon uns alle ausfindig machen wird an jenem Tage. Denke bitte an 1. Thess (das Wort Gottes bestätigt sich selbst durch ein anderes Wort):

1. Thess 5,6: *„So lasst uns nun nicht schlafen wie die andern, sondern lasst uns wachen und nüchtern sein."*

1. Thess 5,4-5: *„Ihr aber, liebe Brüder, seid nicht in der Finsternis, dass der Tag wie ein Dieb über euch komme. Denn ihr alle *seid Kinder des Lichtes und Kinder des Tages. Wir sind nicht von der Nacht noch von der Finsternis."*

Ich möchte Deine Aufmerksamkeit richten auf „überkommt Dich“. Willst Du mir etwa sagen, dass des Herrn Kommen manche Gläubige überraschen kann? Ja. Es ist möglich, dass wir derart mit etwas beschäftigt sind, dass es uns überraschen kann. Manches haben wir lange geglaubt und lange erwartet, etwas worüber wir gesungen und gebetet haben, kann uns am Ende überraschen. Es ist wieder das gleiche - Schlaf oder Trunkenheit. Es heißt, „Diejenigen, die schlafen, schlafen in der Nacht und die trunken sind, sind es in der Nacht. Rausch, Schläfrigkeit, Teilnahmslosigkeit, Gleichgültigkeit oder Flucht.

Manchmal kann uns das Vertrautsein mit der Wahrheit Seines Zweiten Kommens schläfrig machen in Bezug auf praktische Schritte und Konsequenzen. Ich kenne sehr viele Evangelisten, die gründlich unterrichtet sind im zweiten Kommen Christi und damit denken, automatisch vorbereitet zusein. Für solche werden die Ereignisse ein fürchterlicher Schock sein, wenn es schließlich anfängt zu geschehen. Du sagst: „Aber wie?“ Weil wir damit aufgewachsen sind, an Sein Kommen zu glauben, glauben wir, dass wir vorbereitet sind, auch wenn wir warum auch immer nichts Konkretes dazu getan haben. Hierzu müssen wir vor allem um Weisheit und Erkenntnis beten: „Wachet allezeit“ (bleibt wachsam zu jeder Zeit) „und betet, dass Ihr bereitgemacht werdet zu entfliehen dem allen, was über den Erdkreis kommen wird.“ Wir müssen um Weisheit und Erkenntnis beten. Hast Du Dir jemals diese Worte der Offenbarung zu Herzen genommen?

Offbg 13,18: „*Hier ist Weisheit! Wer Verstand hat, der überlege die Zahl des Tieres; denn es ist die Zahl eines Menschen, und seine Zahl ist sechshundertsundsechsundsechzig.*“

Es wurden zu dieser geheimnisvollen Zahl 666 schon unglaubliche Ideen verbreitet, aber die Schrift sagt: *„Hier braucht man Weisheit, lass denjenigen, der Erkenntnis hat ...“*. Zwei oder dreimal wird gesagt: *„Wer Ohren hat zu hören, der höre“*. Oder weiterhin in der Offenbarung:

Offbg 17,9: „*Hier ist Sinn, zu dem Weisheit gehört! Die sieben Häupter sind sieben Berge, auf denen die Frau sitzt, und es sind sieben Könige.*

Sage nicht: „Na ja, ich gehöre ja nicht zur Elite. Wenn ich ein Apostel Paulus wäre oder Petrus oder Martin Luther, oder Wesley, oder Watchman Nee, dann würde ich natürlich Weisheit haben." Das ist nicht wahr. Das Wort Gottes sagt ganz klar: „Wenn es jemandem an Weisheit fehlt, so lasse ihn Gott darum bitten, der kostenlos an alle Menschen weitergibt und nicht abweist, und es wird ihm gegeben werden, wenn er im Glauben bittet." Anders gesagt wird Weisheit an den Menschen gegeben, der den Herrn fürchtet. „Gottesfurcht ist der Anfang aller Erkenntnis." Wenn Du den Herrn genug fürchtest um zu erkennen, was für ein Mensch Du bist, wie schwach und dunkel; und Du beginnst den Herrn in Demut um Weisheit zu bitten, so wird Er sie Dir geben. Er wird Dich nicht zurückweisen. Der Herr weiß, wie schwach Du bist, aber Er wird Dich nicht zurückweisen. Er wird Dir frei geben, wenn Du nur darum bittest.

In den kommenden Tagen wird sich deutlich zeigen, wer Weisheit hat und wer nicht. Weisheit wird es sein, was viele Heilige und ihre Familien vor einer Katastrophe bewahren wird; was junge Leute davon abhalten wird, mit Ereignissen erstickt zu werden, die scheinbar messianisch sind, es aber doch nicht sind; was uns helfen wird zu wissen, was zu tun ist und wann. Möge der Herr uns dabei helfen.

Eph 5,15-18: „*So seht nun sorgfältig darauf, wie ihr euer Leben führt, nicht als Unweise, sondern als Weise.*"

Es ist bemerkenswert, dass uns gesagt wird, dass wir die Zeit nutzen sollen, weil die Tage böse sind; nicht, weil die Tage gut sind, sondern weil sie böse sind. Weil es in diesen Tagen etwas gibt, was gegen Gottes Sache ist, gegen die Interessen Gottes, wird uns gesagt, dass jede Minute dieser Tage einen Wert hat für Gottes Interessen und Sein Königreich. Wir müssen wirklich zum Herrn rufen um Weisheit und Erkenntnis. Ich glaube, dass jene, die lebendig und wach bleiben, die ersten sein werden, die den Herrn um

Weisheit und Erkenntnis bitten. Nur weil sie lebendig bleiben, nur weil sie auf sich selbst achthaben und auf ihre Herzen, werden sie den Herrn um Weisheit und Erkenntnis bitten.

Dan 12,10: „*Viele werden gereinigt, geläutert und geprüft werden, aber die Gottlosen werden gottlos handeln; alle Gottlosen werden`s nicht verstehen, aber die Verständigen werden`s verstehen.*"

Ich kann nicht sagen, dass jeder, der ein Buch zum Buch Daniel geschrieben hat, in die Kategorie jener eingestuft werden kann, die weise sind; aber solche, die wirklich weise sind, wissen worum es in diesem Buch geht. Und erinnere Dich: es ist versiegelt bis zur Zeit des Endes. Anders gesagt ist die ganze Bedeutung und Absicht bis zu diesen letzten Tagen aufgehoben und wir sollten auch dafür beten. Denn welche wachen und beten werden lebendig bleiben für alle konkreten Schritte, die zu irgendeiner Zeit unternommen werden. Wenn wir leben und wachen und den Herrn anrufen, glaube ich, wird uns der Herr Weisheit und Erkenntnis geben für jeden konkreten Schritt, der unternommen werden sollte.

Lk 21,36: „*So seid allezeit wach und betet, dass ihr stark werdet, zu entfliehen diesem allen, was geschehen soll, und zu stehen vor dem Menschensohn.*"

Ich halte das für eine höchst interessante Aussage. Da jeder wiedergeborene Gläubige vor dem Menschensohn stehen wird, was bedeutet dies? Manche werden nun sagen, dass dies mit der teilweisen Entrückung zu tun hat. Diejenigen, die allezeit Wachen und den Herrn anrufen, werden hinweggenommen, weil sie bereit sind. Sie waren hinweggenommen, um bei dem Herrn zu sein, um vor den Menschensohn zu stehen. Ich frage mich auch, ob es sein könnte, dass diejenigen, die aufmerksam wachen, auch wissen, dass sie vorbereitet sind. Dies zu veranschaulichen wünschte ich die Zeit zu haben, um die Geschichten vieler meiner jüdischen Freunde in Israel zu erzählen, die dem Holocaust entgingen. Ich lerne immer gerne aufs Neue, wie deutsche oder polnische Juden flüchteten und andauernd hört man etwas allen Gemeinsames heraus. Ein Mann, der nun Avis-Angestellter in Israel ist, erzählte mir seine Geschichte: „Als ich eines Tages von der Schule kam, stand meine Mutter mit einer kleinen Tasche da und mahnte mich keine Fragen zu stellen (Anm.: er war erst dreizehn Jahre alt) und keine Aufregung zu zeigen, denn wir würden auf eine lange Reise gehen. Sie nahm mich mit zur Eisenbahnstation in Berlin und dort trafen wir weitere Familienangehörige. Wir redeten nie miteinander, aber jeder von uns stieg in den Zug ein mit nur einer kleinen Tasche dabei. Wir stiegen in den Orient Expreß ein und fuhren nach Istanbul. Von dort aus fuhren wir nach Palästina und schafften es, unter das Britische Mandat zu kommen."

Das interessante an ihrer Flucht ist nun die Tatsache, dass sie alles, was sie besaßen, zurückließen, als sie morgens aufstanden. Sie gingen nicht zurück, um irgend etwas mitzunehmen. Später im Jahre 1936 entschloss sich seine in Berlin vermögende Tante, weil sie dann eine britische Bürgerin war, nach Berlin zurückzugehen und übergab alle ihre Eigentumsverhältnisse in die Hände eines Rechtsanwaltes. Man hörte nie wieder etwas von ihr. Sie starb im Konzentrationslager. „Denkt an Lots Weib".

Wenn diese Endzeit schließlich kommt, werden wir uns damit auseinandersetzen müssen. Konkrete Schritte müssen manchmal unternommen werden. Ich könnte mir einige von euch vorstellen, die vor ein oder zwei Jahren Nahrungsmittel sammelten und dankbar sind. Es mildert zumindest die Inflation. Ich denke, dass es Zeiten gibt, in denen der Herr mit uns darüber sprechen wird. Wir müssen dann gehorsam sein; wir dürfen nicht dumm oder töricht sein. Tun wir alles in der Kameradschaft, was uns nur möglich ist, denn es mag eine Zeit kommen, in der wir keine Kameradschaft mehr haben werden. Viele Menschen verachten Haustreffen, aber es kann einmal schnell der Tag kommen, von dem an es uns nicht mehr erlaubt ist, uns zentral zu versammeln. Wir werden uns nur noch in sehr kleiner Zahl zuhause treffen können. Zu jener Zeit werden wir auffallen, weil wir eine Art von Christentum gelernt haben, das in Höhlen gehen kann, in einen Stall, in ein kleines Loch, um Gemeinschaft zu haben und am Leben zu bleiben. Wie anders hätte die Kirche in China überleben sollen? Bis vor kurzem gab es keine offizielle

Versammlung von Gläubigen in China seit vielen Jahren. Sie konnten sich nur zu zweit, zu dritt oder zu viert hier oder dort in Häusern versammeln; manchmal nur in einem Feld oder in einem Graben. Meiner Einschätzung nach läuft dies wirklich alles darauf hinaus, „... zu entfliehen dem allen, was kommen wird über den ganzen Erdkreis." Wir müssen deswegen allezeit aufpassen und nicht aufhören damit, sondern fortwährend Vorsorge dafür treffen.

Es gibt hier noch einen weiteren Punkt, den ich an dieser Stelle anführen möchte: Haltet Euch mit politischen Entwicklungen auf dem laufenden; gleich ob nun durch Radio, Fernsehen oder Zeitung. Persönlich halte ich es für klare Dummheit bei Christen, nachzulassen in Nachrichten hören oder Zeitung lesen. Ich halte das einfach für Dummheit. Leute erzählen mir in geistlichem Ton: „Ich lese nie Zeitung. Ich sehe davon nicht einen Buchstaben. Es ist so erschütternd." Sie erinnern mich an Leute, die manche Teile der Bibel nicht lesen, weil es sie so depressiv macht. Es ist die Frage, wie Du die Zeitung liest. Wenn Du Deine Zeitung liest anstelle Deiner Bibel, dann verstehe ich es. Es ist für mich unglaublich, dass sich Menschen nicht mit den Neuigkeiten auf dem laufenden halten. Wenn sich Gläubige nicht auf dem laufenden halten, dann könnten wir plötzlich ertappt werden. Ereignisse beginnen sich zu entwickeln und wir wissen nicht, was geschieht. Sie ergreifen uns und werden um uns herum immer größer und überwältigen uns. Wir müssen in Kontakt bleiben mit politischen Entwicklungen. Sei nicht töricht in diesem Punkt, sondern halte Dich auf dem laufenden und bleibe lebendig. Manchmal verstehen wir vielleicht nicht was vorgeht, aber andere verstehen es und sie können es uns wissen lassen.

Ich erinnere an eine Gruppe von Gläubigen, zu der ich vor einigen Jahren in den Staaten ging, kurz nach der Ermordung von J.F. Kennedy. Sie erzählten mir stolz, dass sie noch bis drei Tage danach nichts davon wussten. Die ganze Welt wusste von der Ermordung J.F. Kennedys. Doch diese Leute waren sogar stolz darauf, dass sie weder Fernsehen, noch Radio oder Zeitung hatten und nicht wussten, was geschehen war - sie waren ja so zurückgezogen von der Welt. Nun ja, ich nenne solches Verhalten nicht gerade empfehlenswert. Für mich ist dies eine Art von Flucht. Es ist das sich-nicht-auseinandersetzen mit der Wirklichkeit. Wir sind in dieser Welt; wir sind nicht von der Welt, aber wir sind in ihr. Wir haben uns auf dem laufenden zu halten; wir müssen in Kontakt bleiben mit der Wirklichkeit. Wir sollen das Salz der Erde sein. Wir sollen eine Stadt sein, die auf einen Hügel gesetzt ist. Du kannst nicht allezeit wachen, Vorsorge treffen um all dem zu entfliehen, was kommen soll über den Erdkreis und weißt aber nicht was sich ereignet. Das sieht mir nach einem sehr außergewöhnlichen Standpunkt aus. Ich denke das ist Unreife. Wenn wir geistlich unreif sind, na gut; aber die unter uns etwas älter sind im Herrn, sollten diesen Punkt in ihr Fortschreiten mit aufnehmen und sich auf dem laufenden halten. Es ist ein Teil des aufmerksamen Wachens.

Letztlich müssen wir wach und aufmerksam bleiben, um auf den Herrn selbst zu sehen, um auf die Ausrichtung Seiner Absicht zu achten, um auf die Entwicklungen dieser Welt zu achten, um auf die Strategie des Gegners zu achten und um auf unser eigenes Herz zu achten. Dann, denke ich, hat es der Herr mit uns leichter, uns zu bewahren, wenn Du weißt, was ich meine. Wir machen dem Herrn manchmal echte Probleme. Er will uns erhalten und bewahren, aber ich glaube nicht, dass wir ihm dabei immer helfen. Dies sind nur zwei Punkte in der ganzen Frage zur Vorbereitung im Lichte des Wiederkommens des Herrn Jesus Christus:

BEREIT SEIN UND AUFMERKSAM WACHEN.

Es gibt noch viele andere Worte, von denen der Herr will, dass wir sie sehen; vielleicht nicht in solcher Tiefe und Breite wie bei diesen beiden, aber ich glaube, dass die vielen anderen Worte uns in diesen und in den noch vor uns liegenden Tagen noch viel zu sagen haben.

Kapitel 2

Wo ist Dein Schatz?

Schriftlesung: Lk 17, 22-37; Mt 24, 16-18,22

Lk 17, 22-37: *„Er sprach aber zu den Jüngern: Es wird die Zeit kommen, in der ihr zu sehen begehren werdet einen der Tage des Menschensohns und werdet ihn nicht sehen. Und sie werden zu euch sagen: Siehe, da! oder: Siehe, hier! Geht nicht hin und lauft ihnen nicht nach! Denn wie der Blitz aufblitzt und leuchtet von einem Ende des Himmels bis zum andern, so wird der Menschensohn an Seinem Tag sein. Zuvor muss er viel leiden und verworfen werden von diesem Geschlecht.*

Und wie es geschah zu den Zeiten Noahs, so wird's auch geschehen in den Tagen des Menschensohns: sie aßen, sie tranken, sie heirateten, sie ließen sich heiraten bis zu dem Tag, an dem Noah in die Arche ging und die Sintflut kam und brachte sie alle um.

Ebenso, wie es geschah zu den Zeiten Lots: Sie aßen, sie tranken, sie kauften, sie verkauften, sie pflanzten, sie bauten; an dem Tage aber, als Lot aus Sodom ging, da regnete es Feuer und Schwefel vom Himmel und brachte sie alle um.

Auf diese Weise wird`s auch gehen an dem Tage, wenn der Menschensohn wird offenbar werden. Wer an jenem Tage auf dem Dach ist und seine Sachen im Haus hat, der steige nicht hinunter, um sie zu holen. Und ebenso, wer auf dem Feld ist, er wende sich nicht um nach dem, was hinter ihm ist. Denkt an Lots Frau!

Wer sein Leben zu erhalten sucht, der wird es verlieren; und wer es verlieren wird, der wird es gewinnen. Ich sage euch:

In jener Nacht werden zwei auf einem Bett liegen: der eine wird angenommen, der andere wird preisgegeben werden. Zwei Frauen werden miteinander Korn mahlen; die eine wird angenommen, die andere wird preisgegeben werden. Zwei werden auf dem Felde sein; der eine wird angenommen, der andere wird preisgegeben werden.

Und sie fingen an und fragten ihn: Herr, wo? Er aber sprach zu ihnen: Wo das Aas ist, da sammeln sich auch die Geier."

Mt 24, 16-18,22: „*... alsdann fliehe auf die Berge, wer in Judäa ist; und wer auf dem Dach ist, der steige nicht hinunter, etwas aus seinem Hause zu holen; und wer auf dem Feld ist, der kehre nicht zurück, seinen Mantel zu holen.*

Und wenn diese Tage nicht verkürzt würden, so würde kein Mensch selig werden; aber um der Auserwählten willen werden diese Tage verkürzt werden."

Wir fahren fort, die konkreten Aufrufe und Schriftworte zu betrachten, die die Vorbereitung und das Bereitsein für das Wiederkommen des Herrn betreffen.

Halte nicht fest an materiellem Besitz

Im Kontext Seines Wiederkommens und der letzten Stufe dieses Zeitalters sagte Christus: „Denke an Lots Weib". Sehr oft haben wir Botschaften mit Lots Weib gehört, aber nicht in Verbindung mit dem Zweiten Kommen Christi. In genau diesem Kontext sprach unser Herr die Warnung aus: „Denke an Lots Weib".

Als Lot und seine Familie Sodom und die Städte der Ebene verließen, fiel das Gericht über sie. Sie wurden wunderbar gerettet und waren außerhalb jeder Gefahr, als Lots Weib sich umdrehte um zurück zu sehen. In diesem Moment wurde sie zur Salzsäule. Ihr Herz war offensichtlich geteilt und der materialistische Geist war in sie gekommen.

Liebe Kinder Gottes, der materialistische Geist unseres eigenen Zeitalters kann so leicht in jeden von uns kommen, ohne dass wir es überhaupt bemerken. Und es ist genau die Annahme dieses materialistischen Geistes und dieser Einstellung, die unser Unterlassen in den Tagen der Krise bewirken kann. Wenn nicht Gott jetzt mit uns durch seinen Geist in diesen Punkten handeln kann, wird es zu spät sein, um plötzlich ins Reine zu kommen mit dem Herrn, wenn der Notfall eintrifft.

Ich glaube, dass dies jetzt eine sehr ernste und wichtige Warnung an uns ist. Beachte, wie genau der Herr in dieser Angelegenheit war:

Mt 24,17-18: „*... und wer auf dem Dach ist, der steige nicht hinunter, etwas aus seinem Hause zu holen; und wer auf dem Feld ist, der kehre nicht zurück, seinen Mantel zu holen.*“

Lk 17,31: „*Wer an jenem Tage auf dem Dach ist und seine Sachen im Haus hat, der steige nicht hinunter, um sie zu holen. Und ebenso wer auf dem Feld ist, der wende sich nicht um nach dem, was hinter ihm ist.*“

Mk 13,15-16: „*Wer auf dem Dach ist, der steige nicht hinunter und gehe nicht hinein, etwas aus seinem Hause zu holen. Und wer auf dem Feld ist, der wende sich nicht um, seinen Mantel zu holen.*“

Ich glaube nicht, dass wir solch eine Mahnung des Herrn ins Geistliche legen können. Ohne Zweifel finden wir in dieser Schriftstelle einen Grundsatz und wir könnten sehr viel über die allgemeine Anwendung sagen. Unser Herr jedoch hatte hier zu einer ganz bestimmten Phase am Ende des Zeitalters gesprochen. In dieser Zeit sagte er: „Gehe auch nicht in Dein Haus, um Deinen Geldbeutel zu holen; gehe nicht ins Haus zurück, um irgend etwas zu holen; gehe auch nicht zurück, um nur einen Mantel zu holen, Gehe sofort heraus, so schnell Deine Beine Dich tragen können. Gehe heraus!“.

Obwohl diese Anweisungen für eine bestimmte Phase der Endzeit gegeben wurden, berühren sie dennoch genau die Wurzel. Unser Hang zu materiellem Besitz könnte in den Tagen der Krise die Wahl zwischen Leben und Tod bedeuten.

Ich habe in diesem Zusammenhang eine Vielzahl von Leuten kennengelernt. Bei einer Gelegenheit waren wir am Toten Meer, welches eine heilende Quelle ist für Leute, die an Nervenbeschwerden leiden und besonders Menschen mit Hautkrankheiten. Es war Sommer und weil das Tote Meer 392 Meter unter dem Meeresspiegel liegt, war es trotz Klimaanlage sehr heiß. Jeder trug kurzärmlige Hemden oder Blusen, und es war interessant, all die Tätowierungen anzusehen. Überall im Saal waren tätowierte Jugendliche. Ich schätze, dass nicht mehr als eine Handvoll ohne Tätowierungen an den Armen waren.

Wir saßen mit zwei Damen am Tisch und es war etwas schwer sich zu unterhalten, weil sie kein Englisch sprachen. Die Unterhaltung sollte in Deutsch beginnen, mit Yiddisch und Hebräisch vermischt. Doch das interessante für mich war, dass diese zwei Menschen vor Hitler geflohen waren. Dieses ist die Geschichte einer der beiden Damen: „Geboren und aufgewachsen bin ich in Polen und von elf Brüdern und Schwestern in der Familie konnte außer mir niemand flüchten - alle starben; all die Kinder und Ehemänner mit ihren Ehefrauen. Mein Bruder war einer von vierzehn Brüdern und Schwestern - niemand überlebte. Jeder Angehörige meiner Familie starb. Ich hatte ein seltsames, unbehagliches Gefühl zu Adolf Hitler im Jahre 1934. Zu dieser Zeit war in Polen noch nichts angelaufen. Es war alles in Deutschland und Süddeutschland, aber ich hatte dieses seltsame Gefühl. Immer wieder wendete ich mich an meinen Ehemann, so dass wir schließlich beide im Jahre 1934 Polen verließen und in die Ukraine zogen. 1938 wurde Polen von den Nazisoldaten eingenommen, doch waren wir in der Ukraine sicher. Dann im Jahre 1938 hatten wir ein anderes komisches Gefühl und wir gingen nach

Sibirien, ohne irgendwelche Besitztümer mitzunehmen außer das, was wir anhatten. Als Ergebnis flüchtete mein Ehemann und ich zum Leben, als 1941 mit einem Blitzangriff die deutsche Armee genau durch die Ukraine einfielen und einer Million Juden in der Ukraine den Tod brachten."

Dies waren unerlöste Menschen, die ein inneres seltsames Gefühl von Dunkelheit zu etwas hatten, und weil sie nicht an materiellen Besitztümern hingen, wurde ihr Leben bewahrt. Dies ist eine Veranschaulichung zu dem, worüber wir gerade reden. Halte nicht fest an materiellem Besitz!

Ich könnte Dir eine Geschichte nach der anderen erzählen, die mir erzählt wurden von Leuten, die sehr kostbare Dinge in ihren Häusern hatten und diese einfach nicht verlassen konnten. Als Ergebnis kamen die Dinge, die sie sofort zu behalten suchten, in die Hände anderer Leute und sie selber wurden zu Tode vergast. Sie gewonnen nichts, indem sie an ihrem Besitz festhielten. Sie wollten ihr Leben behalten und verloren es. Diejenigen, die ihr Leben dahingaben, denen wurde ihr Leben bewahrt. Welch ein Beispiel! Genau das stellte unser Herr im Matthäus-Evangelium heraus:

Mt 6,20-24: *„Sammelt euch aber Schätze im Himmel, wo sie weder Motten noch Rost fressen und wo die Diebe nicht einbrechen und stehlen. Denn wo dein Schatz ist, da ist auch dein Herz. Das Auge ist das Licht des Leibes. Wenn dein Auge lauter ist, so wird dein ganzer Leib licht sein. Wenn aber dein Auge böse ist, so wird dein ganzer Leib finster sein. Wenn nun das Licht, das in dir ist, Finsternis ist, wie groß wird dann die Finsternis sein! Niemand kann zwei Herren dienen: entweder er wird den einen hassen und den andern lieben, oder er wird an dem einen hängen und den andern verachten. Ihr könnt nicht Gott dienen und dem Mammon."*

Hier geht es darum, wo sich unser Kostbarstes befindet. Wo ist unser Herz? Wenn wir uns jetzt entscheiden müssten, wo würde unser Herz gefunden? In materiellen Dingen? In vergänglichen Dingen? Oder in der Ewigkeit? In Christus? Im Himmel? Wo befindet sich unser Schatz?

Unser Herr sprach über ein „einzelnes Auge“ und meinte damit, dass wenn unser Sehvermögen nicht geschwächt ist, dann ist unser ganzer Leib voll von Licht. Wenn aber irgend etwas mit unserem Sehvermögen nicht in Ordnung ist, dann sehen wir sehr wenig bis überhaupt nichts. Und er sagte: „Ihr könnt nicht Gott dienen und dem Mammon.“ Mit Mammon ist nicht einfach nur Geld zu verstehen wie viele meinen. Mammon ist schon etwas mehr wie Geld. Tatsächlich ist damit alles gemeint was mit Reichtum, Besitztümern und Handel zu tun hat.

Lk 16,9: *„Macht euch Freunde mit dem ungerechten Mammon, damit, wenn es zu Ende geht, sie euch aufnehmen in die ewigen Hütten.“*

Hast Du das jemals bemerkt? Welch ein interessanter Kommentar auf jene Verse! Da gibt es Leute, die sagen, wenn wir Gott haben, können wir keinen Mammon haben. Der Herr sagte ganz klar: „Seid nicht töricht. Macht euch Freunde beim ungerechten Mammon.“ Er sagte: „Wenn Du untreu bist beim ungerechten Mammon, wie können dann die waren Reichtümer Dir anvertraut werden?“ Nichts zu tun zu haben mit dem Mammon ist nicht die Antwort. Die Antwort liegt darin, was wir damit machen und wie wir darüber den Aufstieg schaffen; ob der Mammon uns kontrolliert oder wir den Mammon. Der Herr redet über Prioritäten: *„Trachtet zuerst nach dem Reich Gottes und nach seiner Gerechtigkeit, so wird euch das alles zufallen.“* (Mt 6,33)

Der Herr sagt nicht, dass wir nicht besitzen sollen; sondern eher: wo ist Dein Herz? Wie sind Deine Prioritäten? Wer hat den höchsten Platz in Deinem Leben? Noch einmal: es ist nicht wichtig, ob wir wenig oder viel besitzen. Ich kenne Leute, die sehr wenig besitzen, aber sie hängen wahnsinnig an dem wenigen, was sie haben. Und dieser Hang zu etwas, das sehr wenig wert ist, kann ihr Untergang sein in den Tagen der Krise. Genauso habe ich Leute kennengelernt, die sehr, sehr viel besaßen, aber sie hingen nicht daran. Als der Herr zu ihnen sprach, konnten sie alles verkaufen zur Überraschung ihrer Freude.

Da gibt es jene die sagen: Christen sollten alles was sie haben aufgeben, verkaufen und weggeben. Ich kam durch den Herrn zu einem Menschen, der das getan hat: C.T. Studd. Wenn dieser C.T. Studd so etwas unglaubliches nicht getan hätte, so wäre wohl selbst ich nicht ein Mitarbeiter im Königreiche Gottes geworden. Ich hatte immer gedacht, dass Christen Menschen sind, die ständig hinter Geld her sind. Ich war überrascht, als ich von C.T. Studd hörte, der jede Woche dreißig bis vierzig Tausend englische Pfund weggab. Ich konnte es nicht glauben. Das forderte mich heraus. Es ergriff mich. Ich dachte, der Mann ist entweder verrückt oder hatte etwas, das mehr wert war wie Geld. Das führte mich zu Gott; das und ein paar andere Dinge um ihn. Ich dachte es braucht schon eine Krücke, um mich ins Königreich Gottes zu kriegen, doch so kam ich zum Herrn und ich danke Gott dafür.

Ich habe andere gekannt, die sehr viel Geld hatten, doch gaben sie es um des Herrn willen weg auf wunderlichste Weise. Sie haben nämlich nicht alles weggegeben; sie gaben es weg und investierten es. Über die Jahre geben solche Leute fünf oder sechsmal dreißigtausend englische Pfund weg. Was ist besser? Der Herr allein weiß, wer was kann. Ich denke C.T. Studd musste es aufgeben. Der Herr kannte sein Herz, als Er ihn herausforderte und alles musste gehen. Solch ein Mann war das.

Doch gab es andere Leute, zu denen der Herr gut sagen konnte: „Du bist nicht länger der Besitzer davon, Du bist nur der Haushalter - es gehört alles mir“. Wie schön ist es, der Haushalter solcher Besitztümer zu sein. Während der Jahre gebrauchst Du sie immer wieder und sammelst Dir am Ende einen Reichtum im Himmel, weil Du lernst, wie man diese Dinge mit Gottes Geist verwaltet.

Dazu gibt es zwei Seiten. Es ist nicht einfach die Frage, ob wir viel oder wenig besitzen - ob es nun Güter sind, Geld, Haus, Beruf, Stellung - es geht um unser Hängen daran. All das wird vergehen. Wir hängen so daran - unser Beruf, unsere Stellung, unser Haus, unsere Besitztümer, unser Geld - so dass wir in der kommenden Krise diesem allen nicht den Rücken kehren können. Ich muss das zu meinem Herzen sagen, als auch Du zu Deinem. Könnte ich in einem Moment all dem den Rücken zudrehen, heraus gehen und es nie mehr wiedersehen? Das würde mich die Entscheidung bedeuten zwischen dem physischen Leben oder Tod.

Genau hier liegt das Ergebnis verborgen wie trockener Rost oder von Käfern aufgefressenes Holz. Wenn Du schon jemals mit trockenem Rost zu tun hattest, weißt Du, was das für ein fürchterliches Zeug ist. Manche sagen es riechen zu können. Ich kann Dir nur das erzählen: Am Anfang habe ich nie trockenen Rost gerochen, weil ich nicht wusste, wie er riecht. Es kriecht permanent unter dem Boden, die Wände herauf und wo auch immer bis am Ende ein kleines Loch zu sehen ist und Du dann weißt, dass etwas nicht stimmt. Wenn Du einen Experten holst und er die Sachen untersucht, liegt zu Deinem Erstaunen alles offen.

Ich erinnere mich an den Nachbarn Prof. Brown, der unten im Zimmer sein Piano spielte, während das Hausmädchen Gladys da saß und strickte und Frau Brown Zeitung las. Er war ganz hingerissen von einer Sonate Schuberts, als er plötzlich durch den Boden brach: Piano, Stuhl und Prof. Brown; wie in diesen altmodischen Kinofilmen.

Entscheidung im christlichen Leben ist genau so. Oft liegt sie verborgen und nur in Krisentagen wird sie sichtbar. Meiner Ansicht nach muss man sich jetzt darum kümmern. Du kannst damit nicht bis später warten, denn es kann in Krisenmomenten der Grund für Dein Versagen sein. Deswegen sagte der Herr: „Erinnere Dich an Lots Weib." An ihr war geistlich verstanden „trockener Rost". Da gab es einen Käfer, der geistliches Holz zerstörte und an ihrem Charakter arbeitete. Es war nicht erkennbar bis zum Moment des Gerichts. Wenn der Krisentag und der Notfall eintrifft, konnte sie es plötzlich nicht mehr ertragen. Ihre ganz Welt zerbrach. Alles, was sie aufgebaut hatte über die Jahre, war in Sodom zurückgelassen. Sie konnte es nicht ertragen. Sie drehte sich herum, nicht einfach um zu schauen, sondern weil die Frage in ihr war, ob sie doch noch etwas retten konnte; vielleicht konnte etwas mit herausgenommen werden. In diesem Moment wurde sie zur Salzsäule. Daher ist es sehr empfehlenswert, folgende Stellen etwas eingehender zu betrachten:

Mt 6,33: *„Trachtet zuerst nach dem Reich Gottes und nach seiner Gerechtigkeit, so wird euch das alles zufallen."*

Lk 17,32-33: *„Wer an jenem Tag auf dem Dach ist und seine Sachen im Haus hat, der steige nicht hinunter, um sie zu holen. Und ebenso, wer auf dem Feld ist, der wende sich nicht um nach dem, was hinter ihm ist. Denkt an Lots Frau!"*

Diese Schriftstellen haben mit dem Kommen des Herrn zu tun. Es gibt darin etwas sehr Wichtiges. Mehrere Übersetzungen wählen das Wort bewahren`. „Der, welcher sein Leben verliert, wird es bewahren." Es kann auch „wird es am Leben halten" heißen. In einer weiteren Übersetzung steht: „wer auch immer es verliert, wird es retten und leben". Wörtlich heißt es ´ein Leben bewahren` oder ´ein Leben retten` und diese Formulierung wird nur hier und nur einmal verwendet. Eine Verbindung dazu gibt es in dem Vers

Apg 7,19: *„Dieser ging mit Hinterlist vor gegen unser Volk und misshandelte unsre Väter und ließ ihre kleinen Kinder aussetzen, damit sie nicht am Leben blieben."*

Anders gesagt wird diese Formulierung im Neuen Testament als eine physische Bewahrung verwendet. Der sein Leben zu gewinnen sucht, wird es verlieren; doch wer sein Leben verlieren wird, wird es bewahren. Der Herr sagte dies interessanterweise auffällig betont bei zahlreichen Gelegenheiten und nur Lukas schreibt es in Verbindung mit Seiner Wiederkunft. Als er es mit Seiner Wiederkunft verbindet, verwendet er diese Worte: „wird es lebendig bewahren."

Lk 9,24: *„Denn wer sein Leben erhalten will, der wird es verlieren; wer aber sein Leben verliert um meinetwillen, der wird`s erhalten."*

Dies sind nicht die gleichen Worte wie in Lk 17,33. Ich glaube, dass Lukas als ein Arzt sehr frei war darin, mit welchen Worten er schrieb. Anders gesagt wird wohl eine Bedeutung in seiner Wortwahl liegen. In Mk 8,35 heißt es: „wird es retten". Matthäus - und zwar beide Male in 10,39 und 16,25 - gebraucht das Wort „wiederfinden".

Joh 12,25: *„Wer sein Leben lieb hat, der wird's verlieren; und wer sein Leben auf dieser Welt hasst, der wird's erhalten zum ewigen Leben."*

Normalerweise handelt es sich immer um ein geistliches Verständnis, doch bei Lk 17,33 redet der Herr offenbar über die physische Bewahrung von Leben. Warum drehte sich Lots Weib um? Sie drehte sich um, weil sie an ihrem materiellen Besitz hing. Sie hatte ein geteiltes Herz. Erinnere Dich an Sie! „Wer sein Leben zu gewinnen sucht (rettet seinen Besitz irgendwie, um zu bewahren) wird es verlieren; und wer sein Leben verlieren wird, derselbe wird lebendig erhalten werden."

Wie sieht es damit bei Dir aus? Ich denke, wir werden alle herausgefunden, nicht wahr? Nicht jeder ist hingerissen von Raritäten, Antiquitäten oder ähnlichem. Du hast vielleicht ein Motorrad, oder eine Schreibmaschine, welches Dein Lieblingsbesitz ist. Vielleicht ist es Dein Zuhause; oder Dein Garten; vielleicht etwas, in das Du viel Zeit und Energie hineingesteckt hast, um es zu schaffen und ohne es zu wissen, hat es Dich ganz eingenommen.

Liebes Gotteskind, verstehe mich in diesem Punkte richtig. Ich gehe in christlichen Häusern so oft ein und aus, wenn ich reise und ich kann jene Christen nicht verstehen, die die entsetzlichsten Heime haben - kalte und trübselige Plätze. Vor einigen Jahren reisten wir zu zweit und wir wussten nicht wohin, um eine Übernachtung zu finden. So gingen wir zu einem christlichen Gästehaus; ich werde es nie vergessen. Das ganze sah aus wie in einem Ärztezimmer: Korbstühle, der Geruch von Desinfektionsmittel und kleine Gasfeuer, die kaum ein Viertel des Raumes beheizten. Es gab eine Liste dazu, was im Badezimmer zu machen ist und was nicht. Wir flüchteten von diesem Platz! Wir gingen in ein altes Gasthaus mit Blick auf den Ort. Der alte Gastwirt kam herauf aufs Zimmer, zeigte uns alles und wollte wissen, ob er noch irgend etwas für uns tun kann. Es war der gleiche Preis. Wir dachten: „Was hat die Welt, das die Christen nicht haben?".

Sie haben Wärme und einen Sinn für Liebe und einen Sinn für ein Zuhause. Einige Christen scheinen zu denken, dass es geistlich ist, alles präzise und genau zu machen. Bei den Schriftstellen zum Kapitel „Halte nicht fest an materiellem Besitz" denke ich nicht, dass genau das gemeint ist. Wenn Gott Dir ein schönes Heim gegeben hat, halte es schön für den Herrn, aber lasse es Dich nicht beherrschen. Versichere Dich, dass Du frei bist in Entscheidungen. Wenn Du merkst, dass irgend etwas Dich bestimmt, dann ist es Zeit zum Handeln. Beherrsche es im Namen des Herrn und nicht in Deinem eigenen. Versuche nicht zwei Seiten zu dienen. Diene nur Ihm und gebrauche den Mammon der Ungerechtigkeit.

Heiraten am Ende des Zeitalters

Ich wurde oft dazu befragt und es scheint, dass der Apostel Paulus einen Rat gibt zum Thema Heiraten am Ende der Tage. Die Tatsache, dass es damals nicht das Ende der Tage war ist unerheblich. Wir könnten ja froh sein, dass der Apostel offensichtlich dachte, dass sie sehr nahe am Ende der Tage wären, und dass eine echte Krisenzeit über sie kommen würde. Er gab diesen Rat in gutem Glauben. Er selbst sagte: „Ich kann nicht sagen, dass dies ein besonderes Gebot des Herrn ist, ich gebe euch nur einen Rat". Aber es ist offenbar vom Herrn, weil der Heilige Geist es als geeignet ansah für die Schrift. Was wird gesagt?

1.Kor 7,25-38: *„Über die Jungfrauen habe ich kein Gebot des Herrn; ich sage aber meine Meinung als einer, der durch die Barmherzigkeit des Herrn Vertrauen verdient.*

So meine ich nun, es sei gut um der kommenden Not willen, es sei gut für den Menschen, ledig zu sein. Bist du an eine Frau gebunden, so suche nicht, von ihr loszukommen; bist du nicht gebunden, so suche keine Frau. Wenn du aber doch heiratest, sündigst du nicht, und wenn eine Jungfrau heiratet, sündigt sie nicht; doch werden solche in äußere Bedrängnis kommen. Ich aber möchte euch gerne schonen.

Das sage ich aber, liebe Brüder: Die Zeit ist kurz. Fortan sollen auch die, die Frauen haben, sein, als hätten sie keine; und die weinen, als weinten sie nicht; und die sich freuen, als freuten sie sich nicht; und die kaufen, als behielten sie es nicht; und die diese Welt gebrauchen, als brauchten sie sie nicht. Denn das Wesen dieser Welt vergeht.

Ich möchte aber, dass ihr ohne Sorge seid. Wer ledig ist, der sorgt sich um die Sache des Herrn, wie er dem Herrn gefalle; wer aber verheiratet ist, der sorgt sich um die Dinge der Welt, wie er der Frau gefalle, und so ist er geteilten Herzens. Und die Frau, die keinen Mann hat, und die Jungfrau sorgen sich um die Sache des Herrn, dass sie heilig seien am Leib und auch am Geist; aber die verheiratete Frau sorgt sich um die Dinge der Welt, wie sie dem Mann gefalle.

Das sage ich zu eurem eigenen Nutzen; nicht um euch einen Strick um den Hals zu werfen, sondern damit es recht zugehe, und ihr stets und ungehindert dem Herrn dienen könnt.

Wenn aber jemand meint, er handelt unrecht an seiner Jungfrau, wenn sie erwachsen ist, und es kann nicht anders sein, so tue er, was er will; er sündigt nicht, sie sollen heiraten. Wenn einer aber in seinem Herzen fest ist, weil er nicht unter Zwang ist und seinen freien Willen hat, und beschließt in seinem Herzen, seine Jungfrau unberührt zu lassen, so tut er gut daran. Also, wer seine Jungfrau heiratet, der handelt gut; wer sie aber nicht heiratet, der handelt besser."

Weit davon entfernt, unausgewogen oder extrem zu sein aus seiner Sicht, zeigt Paulus eine sehr gesunde und sympathische Annäherung an das gesamte Thema. Er macht überdeutlich klar, dass es keine Sünde ist, selbst in der letzten Phase unseres Zeitalters (Vers 28) zu heiraten. Er sagt, wenn Du Deine Leidenschaften nicht kontrollieren kannst, so ist Heiraten das beste für Dich zu tun; doch sagt er, dass es weiser wäre, wenn es Dir möglich ist, allein zu bleiben und keine Kinder zu haben. Ich weiß, dass dies ernste Fragen erzeugt. Wir sind nicht in der allerletzten Phase des Zeitalters, aber es ist gut diese Worte zu betrachten, denn es ist das Wort Gottes. Unser Herr sagte nicht nur einmal, sondern immer wieder: „Wehe denen, die ein Kind haben und es stillen in jenen Tagen.“ (Mt 24,19; Lk 21,22; Mk 13,7)

Diese Dinge können wir nicht einfach übergehen. Viele christliche Familien fühlen schon den Druck in der Schule und fangen an, zusätzliche satanische Aktivitäten der unchristlichen Atmosphäre in der Kindererziehung zu fühlen. Das wird nicht abnehmen. Die normale Familienbeziehung kann zu einem fürchterlichen Druck auf uns werden, um Kompromisse einzugehen. Beachte, dass ich sagte: kann zu einem fürchterlichen Druck auf uns werden, um Kompromisse einzugehen; es muss nicht so kommen. Es gibt wundervolle Beispiele in der Kirchengeschichte, wo sich Ehepaare gegenseitig unterstützt haben und sich so davor bewahrten, selbst unter Folter den Herrn nicht zu verleugnen. Doch gibt es auch viele Fälle in China und in Russland, wo böse Menschen einen Mann damit bedrohten, seiner Frau oder seinen Kindern etwas anzutun und brachen schließlich seinen Willen. Nichts anderes als dieses eine hätte seinen Willen brechen können. Es ist gut, wenn wir uns dies vor Augen halten.

Wir haben die Namen von zweihundert Familien in Russland, deren Kinder durch Gewalt per Gerichtsbeschluß weggeführt wurden, von anderen adoptiert wurden und ihre Namen aus allen Dokumenten herausgenommen wurden, so dass diese Eltern ihre Kinder nie wieder finden werden. Wir müssen die Tatsache einsehen, dass wir Gläubige in die letzte Phase des Zeitalters eingehen werden, wann immer es auch sein mag; wenn Kinder die Eltern verlassen und Eltern ihre Kinder an die Obrigkeit abgeben; wenn der Bruder den Bruder verlässt, und der Mann seine Frau, so erzählt es uns der Herr in Seinem Evangelium. Genau das meint der Apostel Paulus in größtem Mitleid, wenn er sagt: „Ich möchte Euch nicht vom Heiraten abhalten. Ich sage Euch nur, dass es besser wäre für Euch.“

Auf jene, die in der allerletzten Phase des Zeitalters heiraten, werden besondere Probleme und Schwierigkeiten zukommen. Demnach muss jeder das tun, was richtig ist vor den Augen des Herrn. Wenn Du fühlst, dass Du heiraten solltest, dann wird der Herr mit Dir sein. Du hast nicht gesündigt. Du wirst ein paar besondere Probleme haben, aber Du wirst es schon aushalten können. Jeder, der in den kommenden Tagen über Heiraten nachdenkt, sollte bedenken, welches Leben er wohl in der Endzeit eher aushält.

An dieser Stelle wäre es gut, etwas zu den Vätern und Müttern mit kleinen Kindern zu sagen. Christliche Eltern haben zu lange die geistliche Erziehung anderen überlassen. Es ist sehr traurig festzustellen, dass es unter den Evangelikalen die Sonntagsschule war, die der Lehrer der Kinder war anstatt die Eltern. Das ist vorbei. Christliche Väter und Mütter sollten nichts in die Köpfe ihrer Kinder einhämmern, sondern mit dem Herrn Wege und Mittel suchen, mit denen sie liebevoll ihre Kinder unterrichten in den Wegen des Herrn. Jene kleinen Kinder, die unterrichtet werden und in der Sowjetunion von ihren Eltern weggenommen wurden, werden das nie vergessen. Deswegen ist es unausbleibbar für alle christlichen Eltern, für ihre Kinder zu beten. Betet ihr Mütter wirklich? Ich bin sicher, dass ihr es müsst. Verbringt ihr wirklich Zeit im Gebet für eure Kinder? Sie stehen unter eurer Verantwortung! Väter, tragt ihr eure Kinder wirklich im Herzen vor dem Herrn? Wenn Du für Deine Kinder betest, wird Dir der Herr ein besonderes, empfindliches Gespür geben für das geistliche Umgehen zu jedem Deiner Kinder. Das ist eine ernste Sache.

Wenn Du in den letzten Tagen heiraten möchtest, dann setze Dich ernsthaft mit dem Gedanken auseinander, Kinder zu haben. Es ist eine sehr ernste Verantwortung. Wenn Du Kinder hast, versichere Dich darin, dass Du Deine Verantwortung vor ihnen ausübst, in dem Du Christus nachfolgst in der Beziehung untereinander als Mann und Frau und in der Weise, wie Du versuchst, die Fragen Deiner Kinder zu beantworten. Stoße sie nicht auf eine Seite. Nimm die Möglichkeit wahr, wenn Dir fragen gestellt werden, ihnen Dinge zu erklären. Du weißt nicht, welchen Einfluss diese Wahrheiten in den noch kommenden Jahren in jenem Leben ausmachen werden.

Nimm Dir dieses kleine Wort jetzt zu Herzen; denn Du kannst es nicht, wenn die Krise kommt. Wenn in unseren Ländern eine völlig andere Stimmung aufkommt und wenn auf uns geschaut wird als eine kranke, verrückte, unausgeglichene Minderheit, die die Köpfe der kleinen Kinder verdrehen und umdrehen, dann wird es für christliche Eltern immer schwieriger werden, dagegen aufzustehen.

Kümmere Dich um Gottes Haushalt

Mt 24,45-47: *„Wer ist nun der treue und kluge Knecht, den der Herr über seine Leute gesetzt hat, damit er ihnen zur rechten Zeit zu essen gebe? Selig ist der Knecht, den sein Herr, wenn er kommt, das tun sieht. Wahrlich, ich sage euch: Er wird ihn über alle seine Güter setzen."*

Beachte zuerst, dass es sich um einen treuen und klugen Knecht handelt (Vers 45; siehe auch Lk 12,41-48 als die Parallelstelle). Bemerkst Du auch, was dieser treue und kluge Knecht macht? Er gibt den übrigen seiner Mitknechte ihre Mahlzeit zur rechten Zeit. Das ist die alte Sprache und bedeutet: Er sorgt dafür, dass sie ihre Speise rechtzeitig bekommen.

Du hast die gleichen Worte in Lk 12,43: „Gesegnet ist der Knecht, den der Herr *so* vorfindet, wenn er kommt." Was macht er? Er gibt seinen übrigen Mitknechten ihre Mahlzeit zu rechter Zeit. Ist das nicht interessant?

Es ist auch sehr lehrreich, über die Worte von Petrus in Lk 12,41 nachzudenken: *„Herr, sprichst Du diese Worte zu uns oder zu allen?"* Was sagt diese Parabel aus? Die Parabel war die Hochzeit. Es ist ganz klar, dass der Herr nicht zu allen oder zu den Unerlösten spricht. Er spricht zu Seinen Jüngern - den treuen und klugen Knechten. Dieses ist der treue und kluge Knecht, den der Herr über Sein Haus gesetzt hat, um seinen Mitknechten ihre Mahlzeit zu geben zu rechter Zeit.

Dieses Sich-kümmern um Gottes Haushalt ist während den letzten Tagen ein wichtiger Teil des Dienstes. Wir sollen Nahrung für Gottes Familie besorgen, so dass sie leben mögen, arbeiten und ihre Pflichten erfüllen. Ist nicht der treue und kluge Knecht über den Haushalt gesetzt, damit sie ordentlich leben mögen, gut arbeiten und ihre Pflichten erfüllen? Dies hat für alle jene von uns im Besonderen etwas zu sagen, die größere und klar bestimmte Verantwortlichkeiten haben.

So oft wurde die Parabel einfach auf unerlöste Menschen angewandt. Doch tatsächlich spricht der Herr zu jenen Knechten in Gottes Haushalt, die größere Verantwortung tragen. Was auch immer die Bedingungen in den letzten Tagen dieses Zeitalters sein werden, so erwartet der Herr von uns in Seinem Haushalt zu rechter Zeit Nahrung auszuteilen. Wirst Du auch über die Kehrseite dieser Geschichte nachdenken?

Mt 24,48-51: *„Wenn aber jener als ein böser Knecht in seinem Herzen sagt: Mein Herr kommt noch lange nicht, und fängt an, seine Mitknechte zu schlagen, isst und trinkt mit den Betrunkenen; dann wird der Herr dieses Knechts kommen an einem Tage, an dem er`s nicht erwartet, und zu einer Stunde, die er nicht kennt, und er wird ihn in Stücke hauen lassen und ihm sein Teil geben bei den Heuchlern; da wird sein Heulen und Zähneklappern."*

Lk 12,47-48: *„Der Knecht aber, der den Willen des Herrn kennt, hat aber nichts vorbereitet, noch nach seinem Willen getan, der wird viel Schläge erleiden müssen."*

Was bedeutet das? Sicherlich hat der treue und kluge Knecht ein Recht zu Essen und zu Trinken; natürlich. Aber es soll heißen, dass er nicht in selbstsüchtiger Weise isst und trinkt. Anders gesagt spricht der Herr zu uns in den letzten Tagen: Seid sehr vorsichtig, alle die ihr Nachfolger des Herrn seid, dass ihr nicht nur euch selbst ernährt, euch um euch selbst kümmert und euch euer eigenes Nest baut oder im Gottesdienst eine Art innere Befriedigung betreibt. Versichere Dich, dass Du den Haushalt Gottes nicht zu Deinem eigenen Zweck missbrauchst, denn Du wirst dafür sehr leiden, wenn der Herr wiederkehrt. Die Worte unseres Herrn haben uns allen viel zu sagen, mir und anderen, die in dieser Angelegenheit weit größere Verantwortung tragen. Sie haben auch sehr viel an jene zu sagen, die vielleicht nicht so große Verantwortung tragen, aber immer noch Knechte des Herrn, weil wir gerettet sind.

In den Worten von Lk 12,47-48 gibt es sehr viel. Nicht einer von uns wird ausgelassen. Jedem von uns ist etwas gegeben; wir sind alle für dieses etwas verantwortlich. Er hat über den treuen und klugen Knecht gesprochen, der über den ganzen Haushalt gesetzt war, aber es geht uns alle an. Jeder, der zum Haushalt Gottes gehört, trägt die Verantwortung, einander aufzubauen und die Familie Gottes aufzubauen. Epheser 4,16 spricht von „dem Leib, der wächst und sich selbst aufbaut in der Liebe, wodurch jedes Glied das andere unterstützt nach dem Maß seiner Kraft“. Es geht auch um die Hauptämter, welche den Gliedern des Leibes Christi helfen sollen, zu dem Platz zu kommen, wo sie einander erbauen können. In den Worten steht viel darüber geschrieben. Bedenke, was der Apostel Petrus sagt:

1.Petr. 4,7-11: *„Es ist aber nahe gekommen das Ende aller Dinge. So seid nun besonnen und nüchtern zum Gebet. Vor allen Dingen habt untereinander beständige Liebe; denn die Liebe deckt auch der Sünden Menge.“*

Dann sagt er uns, dass wir auf einander sehen sollen; siehe zu, dass jeder so funktioniert, wie Du funktionieren solltest. Beachte dazu auch 1. Thess. 5,11: *„Darum ermahnt euch untereinander und einer erbaue den anderen, wie ihr auch tut“.* Auch am Anfang steht es: *„So tröstet euch untereinander mit diesen Worten“* (1. Tess 4,18).

Das Wort „ermahnen“ ist so schön. Es ist das gleiche Wort wie die Anrede für den Heiligen Geist, Tröster, der Eine, welcher zugleich angerufen wird. Welch ein schönes Bild: Ermahnung - jemand, der daneben hergeht. Manchmal soll es Dich ermutigen, manchmal soll es Dich ermahnen, manchmal soll es Dich ausgleichen, manchmal soll es Dich korrigieren. Wir sollen uns um einander kümmern im Hause Gottes, besonders wenn wir uns in die letzten Tage hinein bewegen. Viele von Gottes Volk werden mit Wunden heimgesucht werden, welche nicht durch ihre eigene Dummheit verursacht sind. Es wird ein Teil des Kampfes sein. Es wird im Buch Daniel berichtet, dass der Antichrist und sein Geist „gegen die Heiligen ausziehen werden". Und dieses Ausziehen, welches schon viele von des Herrn Volk zu fühlen scheinen, ist nicht einfach hier, sondern es ist überall wo Du gehst. Menschen sprechen davon, so beschwert zu sein. Sicherlich ist es etwas in der Atmosphäre, ein Handeln des Gegners gegen das Geistesleben des Volkes Gottes.

Liebe Kinder Gottes, wir müssen uns einander helfen. Nicht, dass wir den Platz des Herrn gegeneinander einnehmen möchten und uns gegenseitig auf die Nerven gehen, sondern wir helfen uns in Zeiten, wo ein Wort weiterhilft. Manchmal ist es nur eine Geste, manchmal sind es nur ein oder zwei Worte. Wenn Du Dich „niedergeschlagen" fühlst, macht es schon etwas aus, wenn jemand versteht und dieses Verständnis Dir mitteilt. Wir haben uns immer gefürchtet vor all dem, das los geht, wenn die Leute uns auf den Rücken klopfen und sagen: „Lobe den Herrn!" und: „Ich habe ein Wort für Dich, Bruder" und ähnliches. Aber wir können auch in das andere Extrem fallen, jemandem etwas zu sagen. Damit ermahnen wir uns nicht gegenseitig. Was bedeutet das: einander ermahnen? Es bedeutet: einander trösten, einander ermutigen, eine Art Verantwortung für einander übernehmen.

„Kümmere Dich um Gottes Haushalt". Welch ein schöner Gedanke es doch ist: ernannt dazu, sich darum zu kümmern, dass die anderen zu rechter Zeit ihre Nahrung bekommen. Beschäftigst Du Dich damit? Kümmerst Du Dich um Deine Brüder und Schwestern, so dass sie wachsen im Herrn? Oh, wie wir ein selbstloses Herz brauchen, um uns um den ganzen Haushalt Gottes zu kümmern in vor uns liegenden Tagen.

Liebes Kind Gottes, ich hoffe doch, dass Du Dich davor nicht fürchtest und Dich abwendest. Es wird viel besser sein, jetzt Furcht zu haben und geistlich den Wind gegen Dich wehen zu lassen, so dass Du es hier und jetzt vor Augen hast, den Herrn suchst und Ihn wirklich ein Werk in Dir machen lässt. Warte nicht auf den Tag, an dem der Wind kommt und gegen das Haus schlägt und alles zu einem Haufen zusammenfällt. Diese Art von Panik wollen wir nicht. Ich würde eher jetzt Angst haben und auf die Dinge wachen, die sich in meinem Leben niederlassen müssen und kann sie ansiedeln durch die Gnade Gottes und durch das gnadenvolle Werk des Heiligen Geistes. Dann kann ich in all das hineingehen, das voraus liegt, so dass ich weiß, dass ich nichts bin, aber Er alles ist und Er genügend ist für alles vor uns liegende.

Kapitel 3

Diene Gott, wie es Ihm gefällt, in der Macht der Gnade

Schriftlesung: Offbg 19,1-9; 10,1-11; Sach 4,1-10

Offbg 19,1-9: *„Danach hörte ich etwas wie eine große Stimme einer großen Schar im Himmel, die sprach: Halleluja! Das Heil und die Herrlichkeit und die Kraft sind unseres Gottes! Denn wahrhaftig und gerecht sind seine Gerichte, dass er die große Hure verurteilt hat, die die Erde mit ihrer Hurerei verdorben hat, und hat das Blut seiner Knechte gerächt, das ihre Hand vergossen hat.*

Und sie sprachen zum zweitenmal: Halleluja! Und ihr Rauch steigt auf in Ewigkeit. Und die vierundzwanzig Ältesten und die vier Gestalten fielen nieder und beteten Gott an, der auf dem Thron saß, und sprachen: Amen, Halleluja! Und eine Stimme ging aus von dem Thron: Lobt unsern Gott, alle seine Knechte und die ihn fürchten, klein und groß!

Und ich hörte etwas wie eine Stimme einer großen Schar und wie eine Stimme großer Wasser und wie eine Stimme starker Donner, die sprachen: Halleluja! Denn der Herr, unser Gott, der Allmächtige, hat das Reich eingenommen! Lasst uns freuen und fröhlich sein und ihm die Ehre geben; denn die Hochzeit des Lammes ist gekommen, und seine Braut hat sich bereitet.

Und es wurde ihr gegeben, sich anzutun mit schönem reinem Leinen. Das Leinen aber ist die Gerechtigkeit der Heiligen. Und er sprach zu mir: Schreibe: Selig sind, die zum Hochzeitsmahl des Lammes berufen sind. Und er sprach zu mir: Dies sind wahrhaftige Worte Gottes."

Sach 4,1-10: *„Und ich sah einen anderen starken Engel vom Himmel herabkommen, mit einer Wolke bekleidet, und der Regenbogen auf seinem Haupt und sein Antlitz wie die Sonne und seine Füße wie Feuersäulen. Und er hatte in seiner Hand ein Büchlein, das war aufgetan. Und er setzte seinen rechten Fuß auf das Meer und den linken auf die Erde, und schrie mit großer Stimme, wie ein Löwe brüllt.*

Offbg 10,1-11: *Und als er schrie, erhoben die sieben Donner ihre Stimme. Und als die sieben Donner geredet hatten, wollte ich es aufschreiben. Da hörte ich eine Stimme vom Himmel zu mir sagen: Versiegle, was die sieben Donner geredet haben, und schreib es nicht auf!*

Und der Engel, den ich stehen sah auf dem Meer und auf der Erde, hob seine rechte Hand auf zum Himmel und schwor bei dem, der da lebt von Ewigkeit zu Ewigkeit, der den Himmel geschaffen hat und was darin ist, und das Meer und was darin ist: Es soll hinfort keine Zeit mehr sein, sondern in den Tagen, wenn der siebente Engel seine Stimme erheben und seine Posaune blasen wird, dann ist vollendet das Geheimnis Gottes, wie er es verkündigt hat seinen Knechten, den Propheten.

Und die Stimme, die ich vom Himmel gehört hatte, redete abermals mit mir und sprach: Geh hin, nimm das offene Büchlein aus der Hand des Engels, der auf dem Meer auf der Erde steht! Und ich ging hin zu dem Engel und sprach: Gib mir das Büchlein! Und er sprach zu mir: Nimm und verschling's! Und es wird dir bitter im Magen sein, aber in deinem Mund wird's süß sein wie Honig. Und ich nahm das Büchlein aus der Hand des Engels und verschlang's. Und es war süß in meinem Mund wie Honig, und als ich's gegessen hatte, war es mir bitter im Magen.

Und mir wurde gesagt: Du musst abermals weissagen von Völkern und Nationen und Sprachen und vielen Königen."

„Und der Engel, der mit mir redete, weckte mich abermals auf, wie man vom Schlaf erweckt wird, und sprach zu mir: Was siehst du? Ich aber sprach: Ich sehe, und siehe, da steht ein Leuchter, ganz aus Gold, mit einer Schale oben darauf, auf der sieben Lampen sind und sieben Schnauzen an jeder Lampe, und zwei Ölbäume dabei, einer zu seiner Rechten, der andere zu seiner Linken.

Und ich hob an und sprach zu dem Engel, der mit mir redete: Mein Herr, was ist das? Und der Engel, der mit mir redete, antwortete und sprach zu mir: Weißt du nicht, was das ist? Ich aber sprach: Nein, mein Herr. Und er antwortete und sprach zu mir: Das ist das Wort des Herrn an Serubbabel: Es soll nicht durch Heer oder Kraft, sondern durch meinen Geist geschehen, spricht der Herr Zebaoth.

Wer bist du, du großer Berg, der du doch vor Serubbabel zur Ebene werden musst? Er wird hervorholen den Schlußstein, so dass man rufen wird: Glück zu! Glück zu!

Und es geschah zu mir das Wort des Herrn: Die Hände Serubbabels haben dies Haus gegründet, seine Hände sollen's auch vollenden, damit ihr erkennt, dass mich der Herr Zebaoth zu euch gesandt hat. Denn wer immer den Tag des geringsten Anfangs verachtet hat, wird doch mit Freuden sehen den Schlußstein in Serubbabels Hand.

Jene sieben sind des Herrn Augen, die alle Lande durchziehen."

Wir haben betrachtet, was Gottes Wort sagt über vorbereitet und bereit sein für die Endzeit und das zweite Kommen Christi. Wir reden nicht einfach über die abschließende Zeitperiode oder über das Jahrzehnt vor des Herrn Wiederkehr, sondern wir sprechen von dem ganzen Ablauf der Endzeit. Manches gilt besonders für die letzten Tage; wir können jedoch Lehren herausziehen und tatsächlich Prinzipien herausarbeiten, die durch die ganze Endzeit des Zeitalters hindurch eingetreten sind. Daher nehmen wir jene praktischen Worte unseres Herrn und des Heiligen Geistes durch die Apostel und anderer derart, dass wir uns fragen, was wir sein sollten und was wir tun sollten im letzten Stadium der Tage, die letzte wichtige Periode des Zeitalters.

Die Geschichte unseres Herrn über den klugen und treuen Knecht, der über den Haushalt seines Hausherrn gesetzt war, hat mich sehr nachdenklich gemacht (vgl. Mt 24,45; Lk 12,42). Er sollte auf ihre Nahrung aufpassen; dafür sorgen, dass sie genug bekommen an Energie zu ihrer Arbeit und zum Überleben; und dazu ein rechtes Leben führen, während der Hausherr weg ist. Welch ein Wort zu jedem von uns! Ich möchte einen Punkt noch einmal besonders unterstreichen. Es gibt einen großen Bedarf für jeden von uns, der mit einer Vollzeitarbeit beschäftigt ist oder der ein Amt am Wort besetzt, sogar wenn wir keine Vollzeitknechte des Herrn sind, tief zu pflügen und Gott zu erlauben, jetzt ein Werk in uns zu tun, so dass wir für Gottes Volk Nahrung herbeischaffen können. Es werden Tage kommen, wenn Not sein wird am Wort Gottes; wenn wegen Repressalien - aus Regierung, Politik und Religion - es sehr schwer sein wird, Gottes Wort zu finden. Jene Treuen im Herrn werden in großer Nachfrage stehen, weil sie Licht vom Herrn erhalten haben. Oh, wie gewiss uns dies sein sollte, damit wir erlauben, dass Gott ein Werk in uns tut.

Einander ermahnen ist ein Teil des Sich-Kümmerns um Gottes Haushalt. Es ist interessant (1. Thess 5), dass dies am Ende jenes wichtigen Abschnittes kommt, der mit dem Wiederkommen des Herrn zu tun hat. Genau zu Beginn diesen Textstückes (4,18) und genau an dessen Ende (5,11) kommt dieses Wort: „So tröstet Euch mit diesen Worten untereinander“. Ermahnt einander.

Versäume nicht, an unseren gemeinsamen Versammlungen teilzunehmen

Hebr 10,25: *„... und nicht verlassen unsre Versammlungen, wie einige zu tun pflegen, sondern einander ermahnen, und das um so mehr, als ihr seht, dass sich der Tag naht. "*

Wir haben hier genau das gleiche Wort „ermahnen" wie in 1.Thess, welches wir schon erwähnt haben. Es ist das gleiche Wort wie es auch in Joh. 14 für den Namen des Heiligen Geistes verwendet ist - einer der ehrwürdigen Anreden des Heiligen Geistes, der Tröster, der Paraklet, der neben uns her geht, der uns ermutigt, der immer unser Beistand ist. Wir sollen miteinander gehen. Wir sollen uns gegenseitig beistehen; uns untereinander trösten; die sein, die ermutigen, unterstützen, in gewissem Sinne korrigieren, aufrichten und ins Gleichgewicht setzen. Was für ein Amt! Es ist interessant, dass es hier im Hebräer in Verbindung mit unseren Zusammenkünften steht.

Achte sorgsam auf folgendes Wort, das unterstrichen gehört: „so viel mehr, als Du siehst, dass der Tag herbeikommt". Was meinst Du, warum der Heilige Geist dies in die Bibel gesetzt hat? Ich würde gedacht haben, dass es immer und zu jeder Zeit des Zeitalters so sein sollte unter uns, „unsere Versammlungen nicht zu versäumen". Warum sollte der Heilige Geist das Wort: „um so viel mehr, wie ihr sehet, dass der Tag naht" hier einfügen? Die Endzeit wird geprägt sein von ungewöhnlichem Druck in der Umgebung, eine gewaltige Zunahme an satanischen Aktivitäten, die von jedem Menschen gefühlt werden, aber vielleicht nicht bewusst. Der Gläubige wird es sofort entdecken. Das wird in ungewöhnlich viel Ärgernissen resultieren. Ohne sichtbaren Grund werden Heilige ungewöhnlich ärgerlich und müde werden wie jemand, der unfähig wird, sich den Dingen zu stellen.

Dan 7,25: *„Er wird den Höchsten lästern und die Heiligen des Höchsten vernichten und wird sich unterstehen, Festzeiten und Gesetz zu ändern. Sie werden in seine Hand gegeben werden eine Zeit und zwei Zeiten und eine halbe Zeit."*

Besonders am Ende wird solch ein Druck auf die Gläubigen ausgeübt werden, dass sie sich erschöpfen. Es ist ein offenes Ziel Satans, die Heiligen zu erschöpfen und er wird auf alle möglichen Weisen vorgehen. Ein Weg wird zum Beispiel sein, permanent und überzeugend satanische Lehren in der Schule zu verbreiten; Kinder kommen dann heim mit soviel Dingen im Kopf, von denen die Eltern wissen, dass es falsch ist. Das kann Menschen erschöpfen, weil sie ständig dagegen ankämpfen müssen. Sie werden betroffen und traurig und regen sich darüber auf. Das ist nur ein kleiner Teil. Alle Nachrichtenmedien und anderes werden in dieser Verbindung gebraucht. Dies ist schon geschehen in Russland und Osteuropa, in China, in Nord-Korea und in Südostasien. Diese Dinge sind schon Wirklichkeit bei vielen Menschen, die ein Leben mit dem Herrn kennen.

Als ich einst vor einigen Jahren zum Glauben kam, erinnere ich mich, kamen Leute aus dem Kongo zurück nach Hause oder sonst wo her und erzählten uns, dass sie an den Fronten standen. Obwohl sie nicht unbedingt all zu viel zu tun hatten, fühlten sie sich erschöpft. Sie kamen zu dem Schluss, dass es der Feind war. Überall waren die Mächte der Dunkelheit zu spüren. Im Gebet hatten sie einen schweren Kampf, weil die Umgebung von dunklen Mächten, Geistwesen und weltlichen Herrschern der Dunkelheit beherrscht war. Natürlich ist das auch schon zu uns nach Hause gekommen. Wir denken nicht mehr an etwas, das draußen im Busch oder im Dschungel liegt. Es ist mitten in London, in der Mitte anderer Städte. Es ist in die sogenannten „Mutterländer" nach Hause zurückgekehrt - in die Heimatländer. Zum ersten Mal fangen wir Gläubigen an zu merken wie es ist, an der Front zu stehen und zu erfahren, wie Fremdes sich um uns herum ereignet.

Ich reise nun schon seit einigen Jahren, doch in den letzten Jahren habe ich von außergewöhnlichen Ereignissen gehört. Während meinem letzten

Besuch in Skandinavien war ich überrascht, als ich von Leuten, die sehr fest im Herrn zu sein scheinten, erledigt waren; einfach so. Eine Geschichte wurde mir von einem christlichen Rechtsberater in York erzählt, der aus Verzweiflung beinahe seinen Glauben verlor, weil er innerhalb von drei Monaten mit über vierzig Scheidungen unter Christen zu tun hatte. So etwas macht uns hellhörig dafür, dass etwas geschieht. Wir befinden uns schon jetzt in den Frontlinien!

Offbg 16,13-14: *„Und ich sah aus dem Rachen des Drachen und aus dem Rachen des Tieres und aus dem Munde des falschen Propheten drei unreine Geister kommen, gleich Fröschen; es sind Geister von Teufeln, die tun Zeichen und gehen aus zu den Königen der ganzen Welt, sie zu versammeln zum Kampf am großen Tage Gottes, des Allmächtigen."*

Diese unreinen Geister, welche ausgehen, sind nicht einfach unrein wie Pornographie. Sie sind offensichtlich unrein in anderem Sinne, weil sie versuchen alle zu versammeln, um einen Weltkrieg aufzubauen. Dieser Krieg ist natürlich Harmagedon, von dem in den nächsten zwei Versen geschrieben steht. Aber siehst Du, was ich meine? Wir gehen gegen etwas an. Wir haben immer geglaubt, dass wir nicht gegen Fleisch und Blut kämpfen, sondern gegen Fürstentümer, gegen Mächte, gegen weltliche Herrscher in dieser Dunkelheit, und gegen eine Menge böser Geister in den himmlischen Gegenden. Wir wissen das alles, aber es ist oft so im Kopf. Nun bemerken wir plötzlich, als wir uns immer weiter in die letzte Phase des Zeitalters hinein bewegen, dass wir wirklich dagegen angehen; nicht Fleisch oder Blut auf irgendeinem Gebiet, sondern gegen Dämonisches. Deswegen fühlen wir etwas in der Umgebung. Wir fühlen die permanente Strömung gegen uns. Wir werden einen Druck in der Umgebung spüren mit dem Ergebnis außergewöhnlichen Erschöpftseins - ohne den Schatten eines Zweifels. Genau deswegen werden wir sorgsam wachen müssen, damit das Erschöpftsein uns nicht zum Fallen bringt. Wir werden Freundschaft und Stärkung durch das Volk Gottes mehr brauchen als jemals zuvor.

Es gibt Zeiten, in denen ein Mensch sowohl physisch als auch geistig wirklich müde wird. Hänge Dich zu solchen Zeiten nicht an eine Versammlung; gähnend und mit roten Augen. Es wäre besser, dann ins Bett zu gehen, denn anders wirst Du aus dieser Müdigkeit nicht herauskommen. Und erinnere Dich daran, dass der Herr den Seinen den Schlaf gibt. Es gibt Zeiten, in denen es das Beste ist nachzugeben, es zu merken und zu Bett zu gehen. Es wird jedoch auch andere Zeiten geben, in denen Du schon von Ferne etwas Bestimmtes erkennst. Jedes Mal, wenn Du ermüdest, ist eine hartnäckige Arbeit des Bösen am Werke. Man kann auch sagen, jemand fühlt sich anders und ein weiterer ist erschöpft, wenn auch Du Dich erschöpft fühlst. Es gibt eine Kettenreaktion. Das ist nicht normal. Das ergibt sich aus feindlichen Aktivitäten.

Ich habe Menschen oft gefragt, in welcher Nacht der Woche sie sich am meisten müde und geschafft fühlen. Ganz allgemein ist dies normalerweise der Abend, an dem sie zum Beten zusammenkommen. Das ist seltsam. Wir wachen dazu nicht immer auf. Ein seltsames Gefühl von Erschöpftsein kommt über uns. Diese Art von Müdigkeit müssen wir bemerken, weil wir das in den noch kommenden Tagen noch oft erfahren werden. Zu solcher Zeit brauchen wir einander. Darin müssen wir uns öffnen können in kleineren Versammlungen und Hauskreisen. Warum kann mancher nicht sagen: „Ich leide unter einem starken Gefühl des Erschöpftseins“? Warum können wir uns nicht gegenseitig helfen in dieser Sache, uns gegenseitig stärken und füreinander beten, so dass einem aufgeholfen wird? Wenn es das Ergebnis geistlicher Aktivität ist, dann kann es auch geistlich angegangen werden. Der Herr kann heilen und zudecken, doch wenn es ein Eindringen des Feindes von Anfang an ist und wir wissen ganz genau, dass es ein Werk Satans ist, so kann es mit Stumpf und Stiel ausgerissen werden einfach dadurch, dass wir zusammen stehen im Namen des Herrn. Aber das verlangt Ehrbarkeit.

Manche Menschen geben nicht gern zu, dass sie erschöpft sind. Sie wollen zu jenen gehören, die vor Lebendigkeit sprudeln und niemals zugeben, dass sie erschöpft sind. Sie schließen wohl die Schlafzimmertür zu und fallen dann fast wie tot ins Bett, wo sie niemand sehen kann; doch wenn sie draußen sind, sehen sie lebendig aus. Das ist es nicht, worüber wir reden. Es heißt in der Schrift: „die jungen Leute werden vergehen“ (d.h. äußerst erschöpft sein). Es sind nicht die Alten; das ist interessant. Die Schrift sagt nicht, dass die Siebzigjährigen oder die älteren Bürger scheitern werden und dass die noch älteren versagen werden, sondern sie redet von der Jugend und den jungen Männern; mit Jugend sind die 15-16jährigen gemeint. Wenn es tatsächlich so werden wird, wie ist dann die Antwort? Vielleicht besteht die Antwort, wie jemand vermutet hat, in der größeren Freiheit. Niemals! Die Antwort lautet: „Die warten werden auf den Herrn, werden ihre Kraft erneuern. Sie werden aufsteigen mit Adlerflügeln.“ Ich glaube, dass dies der Herr uns allen zu sagen versucht über unseren eigenen Wandel mit Gott. Wir können uns nicht in der Menge oder Institution verstecken. Jeder von uns muss seinen Weg mit Gott gehen und wir müssen wissen, was wir an dieser persönlichen Quelle göttlicher Stärke haben, wenn wir unsere Schwachheit und Betrübtheit eintauschen gegen Seine Auferstehungskraft, Sein Auferstehungsleben.

Das betrifft auch die Kameradschaft, weil die Versuchung dahin gehen wird, dass wir unsere Versammlungen nicht mehr besuchen. Wenn wir beginnen müde zu werden, fangen wir an alles in Grautönen zu sehen und wir sehen Dinge von einem falschen Standpunkt aus. Wir sehen einander in negativer Weise und wir sehen unsere Lebensverhältnisse aus einer negativen Sicht. Wenn das geschieht, befinden wir uns vor einer sehr großen Versuchung, von der wir zurücktreten sollten; wir sollten zurücktreten aus Verantwortung heraus und mit Hilfe unserer Versammlungen.

Das Kirchenleben ist viel mehr als sich treffen. Es ist ein Trugschluss zu glauben, dass wir nur dann die Kirche sind, wenn wir uns treffen. Wir sind die Kirche - ob wir nun zusammen sind oder nicht. Entweder gehörst Du zur Kirche oder Du gehörst nicht zur Kirche. Entweder bist Du in Christus oder Du bist nicht in Christus.; entweder bist Du von neuem geboren oder Du bist nicht von neuem geboren. Wenn Du von neuem geboren bist, dann bist Du in Christus und wenn Du in Christus bist, dann gehörst Du auch zum Leibe Christi. Du kannst Dich nicht „entkirchlichen“. Wir sind immer die Kirche Christi und das Kirchenleben spielt überall hinein.

Sowohl unser Familienleben als auch unser Privatleben sind Teil des Kirchenlebens. All diese Unterteilungen zwischen weltlichem und kirchlichem Leben oder geheiligtem Leben ist der größte Unsinn. Das ganze ist ein Leben. Wir gehören zueinander. Wir sind nicht nur dann eins und einander verbunden, wenn wir zusammen sind, sondern wir sind immer miteinander verbunden, oder sollten es sein. So dumm ist es, wenn Menschen hier unterteilen wollen und in die falsche Richtung weglaufen. Sie halten es nicht mehr aus. Sie denken, wenn sie bis auf die andere Seite kommen oder woanders hin, werden sie vor etwas flüchten können. Der Herr sagt. „Was tust Du?" Es verursacht immer noch großen Schaden im Himmel, weil wir alle miteinander verbunden sind.

Es heißt im Vaterunser, dass wenn Du einen nichtvergebenden Geist in Dir hast, wird auch der Vater Dich nicht hören und Dir nicht vergeben. Deshalb hat der Herr diesen Satz unterstrichen. Meine Meinung ist diese: unsere Kirchenversammlungen sind nicht Kirchenleben, sondern sie sind der Ausdruck von Kirchenleben; aber Kirchenleben besteht nicht nur aus Kirchenversammlungen. Dennoch drücken wir in unseren Versammlungen unsere Einheit aus, drücken wir die Tatsache aus, dass wir Seine Fülle sind, Der alles in allem füllt. Solches Versammeln ist lebenserhaltend für den Aufbau des Leibes Christi. Ihr könnt nicht am Leibe Christi mitbauen, wenn ihr Euch nicht irgendwie trefft.

Merke Dir gut, was der Herr an dieser Stelle sagt, denn es ist wunderbar: *„Und lasst uns aufeinander achthaben und uns anreizen zur Liebe und zu guten Werken."* (Hebr 10,24). Diese schöne Stelle ist es Wert genauer studiert zu werden, denn obwohl das Wort mit „achthaben" übersetzt ist, hat es eine umfassendere Bedeutung: genau achthaben, klar erkennen, voll verstehen. Tatsächlich wird an anderer Stelle ´verstehen` übersetzt und woanders im Neuen Testament wird ´erkennen` genommen, an wieder anderer Stelle ´herausfinden`. Man könnte sogar ´tief nachdenken` sagen. Denke darüber nach! Denkt tief übereinander nach, erkennt euch klar, versteht euch ganz, habt acht aufeinander. Was für eine Umwandlung würde stattfinden in unserem ganzen Zusammenleben, wenn wir solch eine Einstellung hätten.

So oft sind die einzigen Menschen, die sich einander genauer ansehen, Kritiker. Das Vergrößerungsglas wird herausgeholt und sie schauen und betrachten alles. „Du kennst diesen oder jenen? Huh, alles wie Wind! Ich würde nicht so beten. Ich würde nicht mit solch einem toten Gebet gesehen werden - wie Wind! Oder hast Du gesehen, wie sich der oder die anzieht? Sie könnte ihren Rock ruhig fünf Zentimeter länger machen. Mit dem oder der kann man schwer zusammenleben, weißt du. Der oder die erzählten dem oder der, der wiederum dem oder jenem erzählte, dass er ein absolut rücksichtsloser Mensch ist."

Wir haben sehr acht aufeinander, wenn es um Kritik geht. Doch das sagt die Schrift nicht. Es heißt nicht: habt acht aufeinander für das Gericht, oder: habt acht aufeinander, damit ihr euch gegenseitig bloßstellt. Nein, es heißt: „acht haben aufeinander und anreizen zur Liebe und zu guten Werken."

Dieses Wort „anreizen" ist auch ein wunderschönes Wort. Es ist das griechische Wort, wovon wir unser Wort „Paroxysmus" haben. Ein Paroxysmus von Wut ist, wenn ein Mensch so überarbeitet ist, dass er fast unkontrollierbar wird. Wenn wir es in etwas schönerem Deutsch ausdrücken möchten, würden wir sagen (und selbst das ist etwas zu emotional gehalten): „habt genau acht aufeinander, um euch anzuregen zur Liebe und zu guten Werken." Würde es nicht wundervoll sein, wenn unsere Treffen davon geleitet wären, einander zur Liebe und zu guten Werken anzuregen? Sich gegenseitig zur Liebe anzuregen ist ein Paroxysmus von Liebe. Habt acht aufeinander zu einem Paroxysmus von Liebe, welches ein Anregen zur Liebe und zu guten Werken ist.

Es gibt keinen Zweifel darüber, dass wir aufeinander einen gewaltigen Einfluss haben. Plötzlich kommt jemand zu Dir, von dem Du dachtest, er hätte etwas gegen Dich, und legt seine Arme um Dich und sagt etwas Nettes und Du fühlst Dich sofort anders. Du fühlst Dich, als ob ein Joch von Dir genommen wäre. Seltsam, nicht wahr? Wir können einander zur Liebe anregen. Das Problem ist, dass Liebe eine sehr seltsame Pflanze ist und sie kann verwelken, wenn man sie nicht pflegt. Man muss sie etwas bewässern und sich ein bisschen um sie kümmern und etwas auf sie achthaben. Und dann musst Du zur Liebe anregen. Liebe ist echt emotional, nicht wahr? Es ist falsch zu sagen, sie wäre nicht emotional. Es gibt etwas an der Liebe, das emotional ist.

Ist es nicht interessant, dass wir uns zu guten Werken anregen sollen? Wir können uns gegenseitig zu guten Werken anregen, nicht indem wir uns ständig auf die Nerven gehen, sondern dadurch, dass wir aufeinander achthaben, um Interesse zu wecken. Wir können uns wirklich zu guten Werken anreizen. Wenn unsere Treffen diese Wirkung auf uns alle hätten; denke nur an die Leute, die besucht würden. Leute würden überschüttet mit Blumen, und es würde wegen unserer Treffen weniger Probleme mit den Nachbarn geben. Wir würden zu Liebe und guten Werken anregen und würden keine Lasten einander aufbürden. Weit entfernt von Langeweile, meine ich, würden unsere Treffen eine neue Lebensart annehmen, wenn wir uns gegenseitig zu Liebe und guten Werken anreizen.

„... und einander ermahnen ...“. Das bedeutet sicherlich, dass wir jeden Einzelnen als eigene Persönlichkeit nehmen. Wir lieben nicht alle im gleichen Maße. Wir kennen solche, die Tiefen und Höhen haben und solche, die völlig gleichbleibend sind. Wir verstehen sie. Wir haben genau auf sie achtgegeben. Wir nerven nicht die ganze Zeit, indem wir zu jemandem sagen, dass es lieb wäre, doch ein oder zwei Tränen bei einem Lied zu vergießen. Wenn die Person ein Phlegmatiker ist, geht das nicht! Wir haben sie genau betrachtet. Preis den Herrn, dass der oder der wie ein Fels ist. Wenn er eine Träne weinte, würde ich sterben. Es würde wirklich das Ende sein. Ich würde fast meinen, dass er einen Nervenzusammenbruch oder so etwas hätte. Tatsache ist, dass ich ihn oder sie genau betrachtet habe und ich verstehe. Ich erwarte nicht etwas von ihm, das ich von anderen erwarten würde. Viele Ärgernisse im Zusammenleben würden verschwinden, wenn wir fähig wären, uns genauer zu betrachten, uns klarer erkennen, uns besser verstehen mit dem Ziel, uns einander anzuspornen zu Liebe und guten Werken. Wir müssen uns einander ermahnen und ermutigen, korrigieren, stützen, trösten. Was wäre das für eine wundervolle Sache, wenn unsere Versammlungen in diesem Sinne wären! Was für ein Ende würde dies geben!

Jedes Glied am Leibe Christi muss sein oder ihr eigenes Leben mit dem Herrn leben. Wir dürfen und können uns nicht im Großen verstecken, so dass wir nur ein Zuschauer werden, der mit dem Rest dahingetrieben wird. Jeder von uns muss sein eigenes Leben führen mit dem Herrn; aber indem ich das sage, dürfen wir nicht unsere Versammlungen unterlassen und dies besonders da wir sehen, wie der Tag immer näherkommt.

In der Stiftshütte oder dem Zelt der Zusammenkunft wurden die Seitenwände aus Akazienholz gemacht. Jedes Brett stand auf seinen eigenen zwei Füßen mit Silbersockeln. Während sie nun alle ihr eigenes Fundament hatten und fest auf ihrem eigenen Fundament standen, so ging ein Balken durch sie und verband alle miteinander. Unser Problem ist, dass wir nicht unsere eigenen zwei Füße haben. Wir möchten, dass der Balken durch uns alle hindurchgeht und vergessen darüber unser Fundament. Das ist nicht gut. Es ist auch nicht gut, nur unsere eigenen zwei Füße zu haben, ohne dass uns der Balken verbindet. wir müssen beides haben! Wir brauchen nicht nur das Fundament oder unsere eigenen zwei Füße, sondern wir brauchen den horizontalen Balken des Zusammenseins, der uns im Herrn miteinander verbindet. In der letzten Periode der Endzeit werden wir, wie in Russland und China, nicht in der Lage sein, uns überhaupt zu treffen. Lasst uns also versammeln, während noch Zeit dazu ist.

Hebr 12,26: *„Seine Stimme hat zu jener Zeit die Erde erschüttert, jetzt aber verheißt er und spricht: Noch einmal will ich erschüttern nicht allein die Erde, sondern auch den Himmel.“*

Während der ganzen Erschütterungen am Ende des Zeitalters, wodurch alles erschüttert wird, was im Bereich des täglichen Lebens erschüttert werden kann, sollen wir „Gott dienen, wie es ihm gefällt“. Ist das nicht schön? Das ist weit davon entfernt von Niedergeschlagenheit und Ausweglosigkeit. Die Nacht kommt, wenn niemand arbeiten kann. Die Zeit kommt, wenn in vielen die Liebe erkalten wird. Unser Herr sagte nun: „Wird Er glauben finden, wenn Er kommt?“ Anstatt an Niedergeschlagenheit zu leiden, sollen wir Glauben haben und Gott dienen, wie es ihm gefällt mit Ehrfurcht und Respekt, mitten in den Erschütterungen, wenn alles, was erschüttert werden kann, erschüttert wird bis ins kleinste Teil nicht nur auf der Erde, sondern auch im Himmel. Hier gibt es keine Niederlage. Hier gibt es keinen Zusammenbruch vor der unausweichlichen Übernahme des Bösen. Die Betonung liegt auf der einfachen Tatsache, dass die Erlösten die einzigen sind in der weiten Welt, die ein unerschüttertes Königreich empfangen werden. Ist das nicht wunderbar? Welch ein Vorrecht! Ich denke an alle die Menschen, die die Häupter der Nationen sind wie das Weiße Haus oder der Kreml oder 10 Downing Street oder woanders, und alles dieses wird zerbrechen. Es besteht alles in der Zeit und alles ist vergänglich. Doch das Volk Gottes empfängt ein Königreich, das nicht erschüttert werden kann.

Wenn Du Dich für einen weltlichen Bildungsabschluss qualifizierst und ihn bestehst, ist alles, was Du erreicht hast, eine Stellung und eine Pension und Sicherheit für das Leben hier unten, vielleicht dreißig oder vierzig Jahre. Das ist alles. Da gibt es nichts zu prahlen, denn was gilt diese Qualifikation in der Ewigkeit? Es bedeutet nichts (ich sage nicht, dass man Qualifikationen verachten soll). Wir lernen sehr viel. Das, was wir durch Studium und Disziplin lernen und wo der Heilige Geist uns wirklich vorantreibt, ist für die Ewigkeit. Aber weltliche Qualifikationen haben in Gottes Königreich keinen Wert. Gottes Qualifikationen sind ganz anders. Das, was Gott uns in dem Küchenspülbecken lehrt, oder in der Fabrik, auf der Universität oder in der Schule, ist für die Ewigkeit. Diese Dinge haben nichts zu tun mit Zeit und Verstand, sondern mit dem ewigen Königreich unseres Gottes und Seines Christus. Wir sind das einzige Volk der Welt, das ein unerschütterliches Königreich empfängt. Es ist wunderbar! Das ist der Grund, warum es besser ist, ein geistliches Diplom oder eine geistliche Qualifikation vor Gott zu bestehen.

„Die Gaben und Rufe des Herrn sind unwiderruflich“. Er nimmt sie niemals zurück. Das Wichtigste für den Schreiber an die Hebräer ist das:

Alles wird bis ins Kleinste erschüttert werden. Er ist kein bisschen aufgeregt. Ich war immer so aufgeregt über all die Engel, die sich über das Himmelsgeländer beugten und „Halleluja“ riefen, als sie sahen, wie das ganze Kampfgebiet in Rauch aufgeht. Ich dachte immer, dies wäre doch fürchterlich und deswegen unchristlich. Wir wurden gelehrt, unseren Feinden zu vergeben und nicht „Halleluja“ zu sagen. Es muss eines Tages ein Ende sein mit diesem bösen System; und ich bin sicher, dass die Engel nur darauf warten. Schließlich wird es geschehen - das Ende wird für all die Leere kommen, all die Sünde, die ganze Korruption, die ganze Verdrehung und all das Böse. Darüber kann man wahrlich „Halleluja“ rufen.

Das gleiche ist es bei dem Autor des Hebräerbriefes. Er ist fast voller Freude über alles, was erschüttert werden soll: Macht euch ja keine Sorgen. Wir empfangen ein Königreich, das nicht erschüttert werden kann. Lasst uns dankbar sein, wodurch wir Gott einen wohlgefälligen Gottesdienst von Herzen und mit Ehrfurcht erweisen.

Mitten in den Erschütterungen haben wir etwas, das unerschütterbar ist. Es ist wunderbar! Es ist also ganz egal, ob die Nacht kommt, wenn kein Mensch arbeiten kann (und es wird so kommen), der Antichrist mit einer eisernen Faust die Welt zu regieren kommt (und er wird so kommen), oder ob die Liebe in vielen erkalten wird (und es wird geschehen). Das Erscheinungsbild wird von einem zynischen Herzen bestimmt sein. Es kann Überwinder geben. Wir müssen darin nicht die Unterlegenen sein, als ob jeder Einzelne dem Antichristen unterworfen sein muss, oder den dunklen Mächten, oder dem, was hier unten passieren wird. Nein! Die Bibel spricht von Überwindern, eine sehr große Zahl solcher, die überwinden durch die Gnade Gottes.

Das Wort 'Dienst' in Hebr 12,28 ist eines von jenen mit 'Dienst' übersetzten Worten, welches immer „des Dienstes zu Gott“ heißt und so viel bedeutet wie Anbetung. Es ist dieses wunderschöne Wort im Römerbrief:

Röm 12,1: *„Ich ermahne euch nun, liebe Brüder, durch die Barmherzigkeit Gottes, dass ihr eure Leiber hingebt als ein Opfer, das lebendig, heilig und Gott wohlgefällig ist. Das sei euer vernünftiger Gottesdienst."*

Hier ist es am besten übersetzt mit „vernünftiger Gottesdienst“. Hier wird von einem Gottesdienst gesprochen, welcher mit Freiwilligkeit zu tun hat. Es kommt tatsächlich ′von einem bezahlten Knecht`, welches bedeutet, dass eine Person freiwillig diesen Dienst begonnen hat. Freiwilligkeit! Doch ist es nicht einfach ein Dienst, wie wir für gewöhnlich meinen; es ist Anbetung.

Beachte hier die anderen Worte: „Lasst uns dankbar sein ...“ In vielen modernen Übersetzungen lautet diese Stelle: „Lasst uns Dankbarkeit zeigen ...“, „Lasst uns Dankbarkeit haben ...“, „Lasst uns Dankbarkeit haben und dem Herrn dienen ...“.

Bei dem alten Heiligen Bengal fand ich die schöne Bemerkung: „Gnade in passiver Weise zu haben bedeutet: unter der Macht der Gnade stehen.“ Manche modernen Übersetzungen sind etwas zurückhaltend, wenn dort steht: „Dankbarkeit zeigen, wodurch wir Gottesdienst feiern“; die Worte „habe Dankbarkeit“ stehen dabei in der Fußnote. Wir sprechen normalerweise nicht von „Dankbarkeit haben“. Natürlich ist es das Wort „dankbar“, das überall im Neuen Testament übersetzt wird. „Lasst uns dankbar sein.“ Es ist mehr als einfach Dankbarkeit zeigen. Wenn eine Person unter der Macht der Gnade Gottes steht, dann ist diese Person ein Beter, der dankbar ist. Wenn wir versuchen, durch unsere eigenen Werke des Fleisches oder eine andere gute Tat, Erhörung von Gott zu finden, sind wir nicht mehr dankbar. Wir denken, dass Gott uns etwas schuldig ist, weil wir Ihm dienen. Sehr oft höre ich Leute sagen: „Ich habe für den Herrn viel aufgegeben - Zeit, Energie, Geld, alles mögliche. Es ist ganz schön schwer gewesen, weißt Du. Ich bin nicht sicher, ob es das Wert ist. Oft denke ich, dass es besser wäre, damit aufzuhören.“

So ist es, weil wir nicht unter der Macht der Gnade stehen. Wenn wir unter der Macht der Gnade stehen, haben wir einen dankbaren Geist. In all der Erschütterung und den Veränderungen am Ende des Zeitalters und dem spürbaren Angriff der Dunkelheit, müssen wir unter der Gnade Gottes stehen, wenn wir Gott dienen wollen. Auf keine andere Weise werden wir Gott einen wohlgefälligen Dienst tun können. Es ist gut, wenn wir tief darüber nachdenken.

Offbg 12,11: *„Und sie haben ihn überwunden durch des Lammes Blut und durch das Wort ihres Zeugnisses und haben ihr Leben nicht geliebt, bis hin zum Tod."*

Das ist Gnade - für Gott einen wohlgefälligen Dienst tun unter der Macht der Gnade.

Offbg 16,15: *„Siehe, ich komme wie ein Dieb. Selig ist, der da wacht und seine Kleider bewahrt, damit er nicht nackt gehe und man seine Blöße sehe."*

Viele Gläubige haben die Kleidung der Gnade abgelegt. Dann wird ihnen plötzlich bewusst, nackt zu sein und sie sind für jede Anklage des Feindes offen, für jede Verachtung, für alles sie Stechende - für alles, was gesagt wird und sogar für das Ungesagte. Jeder sticht sie. Sie haben die Kleidung der Gnade abgelegt. „Gesegnet ist der, welcher Ausschau hält und seine Kleidung bereit hat." Oh, wie gut ist es, in der Macht der Gnade zu stehen.

Sach 4,7: *„Wer bist du, du großer Berg, der du doch vor Serubabel zur Ebene werden musst? Er wird hervorholen den Schlußstein, so dass man rufen wird: Glück zu! Glück zu!"*

Wie wurde dies angestellt? „Nicht durch Heer oder Macht, sondern durch meinen Geist." Wie kam der Heilige Geist über sie um das Werk auszuführen? Es kam so durch die Gnade Gottes. Nicht weil sie voller guter Werke waren; auch nicht, weil sie irgendwie von Gott erhört wurden, sondern durch die Gnade Gottes. Das einzige, was Serubabel und die Bauleute ausrufen konnten als der erste Stein gesetzt war, war: Glück zu, Glück zu. Es ist auch beachtenswert, dass ein Herz unter der Macht der Gnade ein frohes, dankbares, ein anbetendes Herz sein wird.

Beachte auch zwei andere Worte in Verbindung damit, welche wir sehr sorgsam annehmen sollten: „von Herzen und mit Ehrfurcht".

Hebr 5,7: *„Und er hat in den Tagen seines irdischen Lebens Bitten und Flehen mit lautem Schreien und mit Tränen dem dargebracht, der ihn vom Tod erretten konnte; und er ist auch erhört worden, weil er Gott in Ehren hielt."*

„Gottesfurcht" ist das gleiche wie ehrfürchtig. Gottesfurcht ist heute ein sehr altmodisches Wort. Es ist nicht nur altmodisch als Begriff, sondern auch altmodisch als eine Erfahrung. Man begegnet sehr selten einer wahren Gottesfurcht. Dies soll natürlich keine unterwürfige Furcht sein. Hast Du jemals den Herrn Jesus in Seinem Leben, wie wir es aus den Evangelien kennen, gesehen in unterwürfiger Furcht vor Seinem Vater, gequält von Anklagen, mit Verachtung erfüllt oder sich fragend, ob Sein Vater Ihn annimmt? Niemals! Trotzdem war er von Gottesfurcht erfüllt. Wir haben es sehr nötig, auf all diese Dinge zu achten, weil darin so vieles für uns zu lernen ist; besonders in den letzten Tagen, wenn der Feind uns mit allem möglichen zum Stolpern bringen will. Gewiss wird es eine gewaltige und nicht versiegende Quelle von Trost sein, wenn wir uns daran erinnern, dass dieses Königreich nicht erschüttert werden kann. Der Ratschluss Gottes wird erfüllt werden, da mag Wind und Wetter kommen. Dazu gibt es viele Schriftstellen.

Mt 16,18: *„Und ich sage dir auch: Du bist Petrus, und auf diesen Felsen will ich meine Gemeinde bauen, und die Pforten der Hölle sollen sie nicht überwältigen."*

Er sagte nicht: „Ich werde versuchen, eine Kirche auf diesen Fels zu bauen, aber wir werden nicht bis zum Ende des Zeitalters durchhalten." Er sagte nicht: „Auf diesen Fels werde ich meine Kirche bauen und die Tore der Hölle werden sie nicht überwinden bis zum letzten Stadium des Zeitalters." Er sagte: „Auf diesen Fels will ich meine Kirche bauen; und die Tore der Hölle werden sie nicht überwinden." Ich finde das enorm ermutigend.

Offbg 19,6-7: *„Und ich hörte etwas wie eine Stimme einer großen Schar und wie eine Stimme großer Wasser und wie eine Stimme starker Donner, die sprachen: Halleluja! Denn der Herr, unser Gott, der Allmächtige, hat das Reich eingenommen! Lasst uns freuen und fröhlich sein und ihm die Ehre geben; denn die Hochzeit des Lammes ist gekommen, und seine Braut hat sich bereitet."*

Es heißt nicht: „Und Gott hat die Braut bereitet." Es heißt: „Und die Braut hat sich bereitet." Welch wundervolles Wort für uns alle! Auf der einen Seite lesen wir viele Schriftstellen vom Abfall von der Kirche, die Liebe vieler wird erkalten, oder dass kein Glaube gefunden wird, wenn der Herr kommt. Auf der anderen Seite der Münze steht: „Die Braut hat sich bereitet." Inmitten diesem allen wurde das Werk vollendet. Inmitten satanischen Treibens, genau am Ende des Zeitalters, genau im Schatten des Antichristen, wird die Braut nicht nur vollendet, sondern sie wird sich selbst bereit machen. Trotz all dem satanischen Treiben und dem übermäßigen Druck und den Angriffen wird Gott durch den Heiligen Geist so sehr arbeiten unter den Seinen (das sind jene, die bereit sind, den ganzen Weg mit dem Herrn zu gehen), so dass sich die Braut selbst bereit machen wird. Die ´gerechte Tat der Heiligen` ist der Leinenstoff, den die Braut tragen wird. Inmitten alles dessen, was so böse ist, wird sie gekleidet sein in den guten Werken der Heiligen, welche nicht aus dem Fleische heraus gemacht wurden, sondern aus Gnade. Das ist über die Maßen wunderbar!

Offbg 10,7: *„... sondern in den Tagen, wenn der siebente Engel seine Stimme erheben und seine Posaune blasen wird, dann ist vollendet das Geheimnis Gottes, wie er es verkündigt hat seinen Knechten, den Propheten."*

Was ist das Geheimnis Gottes?

Eph 3,4-6: *„Daran könnt ihr, wenn ihrs lest, meine Einsicht in das Geheimnis Christi erkennen. Dies war in früheren Zeiten den Menschenkindern nicht kundgemacht, wie es jetzt offenbart ist seinen heiligen Aposteln und Propheten durch den Geist; nämlich dass die Heiden Miterben sind und mit zu seinem Leib gehören und Mitgenossen der Verheißung in Christus Jesus sind durch das Evangelium, ...“*

„Christus in euch ist die Hoffnung der Herrlichkeit.“ Was ist das Geheimnis? Dieses, dass wir mit Christus verbunden worden sind und heranwachsen zu einem Tempel im Herrn. Das ist das Geheimnis Gottes. Und inmitten all dieser furchtbaren Visionen von Tieren und Drachen, falschen Propheten, der Herrschaft Babylons, der Zahl 666 und alles dessen, welches das Herz eines jeden fürchten könnte, heißt es, dass der siebte Engel ertönen wird; das Geheimnis Gottes ist vollendet gemäß der frohen Botschaft, die Er den Propheten als Seinen Knechten verkündete. Genau so steht es geschrieben.

Wo sind all die christlichen Pessimisten, die mir erzählen, dass die Kirche irgendwie durchhinken wird ohne Mast, ohne Segel, in Stücke geschossen, auf einer Trage hineingetragen und vor den Herrn gelegt? Wo kommt diese Vorstellung her, die unter dem Volk Gottes so vorherrschend ist, dass irgendwie alles am Ende in Stücke brechen wird? Nein! Für die Mehrheit wird manches zerbrechen, aber für den Überwinder wird nichts zerbrechen. Es wird einen Überrest geben, gemäß der Gnade, die gegeben ist zu wirken und den Ratschluss Gottes zu Ende zu führen. Ehre sei Gott! Das Geheimnis Gottes wird vollendet sein! Wie? Es heißt: „... wie Er es verkündet hat Seinen Knechten, den Propheten.“ Alles hält sich genau an die Schrift. Es heißt: „Es wird wachsen zu einem heiligen Tempel im Herrn, zusammengebaut als eine Wohnung des Heiligen Geistes.“

Eph 4,12-13: *„... damit die Heiligen zugerüstet werden zum Werk des Dienstes. Dadurch soll der Leib Christi erbaut werden, bis wir alle hingelangen zur Einheit des Glaubens und der Erkenntnis des Sohnes Gottes, zum vollendeten Mann, zum vollen Maß der Fülle Christi, ...“*

Das ist es, was Er durch Seine Knechte, die Propheten, verkündet hat. Das Geheimnis Gottes wird vollendet werden. Laß den Kopf nicht hängen wegen den Dingen, die das zweite Kommen des Herrn betreffen - Tod, Harmagedon, Gog und Magog, Kriege, atomare und nukleare Waffen. Solches ängstigt die Leute oft, besonders wenn ihnen gesagt wird, bereit zu sein Lebensmittel anzuschaffen und Vorbereitungen zu treffen für einen Nuklearkrieg. Wir müssen vernünftig sein und manchmal sehr praktisch, aber komme auch ein Nuklearkrieg oder alle Kriege ereignen sich gleichzeitig; es wird den Ratschluss Gottes nicht aufhalten. Er wird genau so erfüllt werden, wie Gott sagte, dass es geschehen wird. Und das wunderbare ist: wenn Du willst, kannst Du dabei sein. Ich werde Dir etwas erzählen, das Du Dein Leben lang nicht vergessen wirst. Wenn Du es doch vergessen solltest, wird es Dir an Deinem letzten Tag wieder in Erinnerung kommen.

Du kannst Dein ganzes Leben verschwenden dadurch, dass Du Zweitrangiges an erste Stelle setzt und wenn die ganze Welt erschüttert wird, wirst Du nichts mehr haben außer Deine Erlösung. Da wirst Du Dich des Kommens des Herrn schämen. Aber jene, die vorbereitet sind und Gott an erste Stelle setzen, „um zuerst Gottes Königreich zu suchen und Seine Gerechtigkeit“, diese werden uns keine Sorgen machen darum, dass alles erschüttert wird bis ins Kleinste, weil wir wissen wo unser wirklicher Schatz ist. Diese Welt muss bis ins Kleinste erschüttert werden. Wir wissen, wo es hingeht und trotzdem sind wir irgendwie so sehr an all das gebunden; wir sind alle derart ein Teil davon, dass wir einen Fuß in der Welt haben und einen woanders.

Liebes Gotteskind, ist es nicht wunderbar zu erkennen und zu verstehen, dass dieser Ratschluss Gottes erfüllt wird? Der Eckstein wird hervorgebracht mit dem Ruf: „Gnade widerfahre ihm“. In diesem Kontext und inmitten einem immer stärker werdenden Kampf gegen den Ratschluss Gottes leben wir einen

Gott wohlgefälligen Dienst bis zum Ende des Zeitalters, bis zur Entrückung der Heiligen.

Manche Menschen glauben nicht an die Entrückung. Sie denken, wir werden mitten durch die Trübsal hindurch gehen und dann würde der Herr an dessen Ende kommen. Na gut, das ist schon in Ordnung. Persönlich glaube ich schon, dass es eine Entrückung gibt. Aber das wunderbare ist ja dieses: Du und ich können an einem Dienst teilnehmen, der Gott gefällt genau bis zum Ertönen der Posaune und wir den Herrn sehen. Was für ein Tag! Paulus wird dort sein und Johannes, Jakobus und alle anderen. Auch Markus und Lukas werden dort sein, Charles und John Wesley, George Whitefield, Charles Spurgeon und John Nelson Darby. Es wird wunderbar sein, mit Ihnen allen zusammen zu sein. Sie werden nicht vor uns dort sein und wir werden nicht vor ihnen dort sein. Am Ende werden wir uns alle treffen. Wenn sie am Anfang der Tage einen Gott wohlgefälligen Dienst lebten, werden sie an der gleichen Ehre teilhaben wie wir, die wir am Ende der Tage einen Gott wohlgefälligen Dienst gelebt haben. Sie hatten am Anfang Probleme, wir haben am Ende Probleme, doch die Gnade Gottes reicht aus.

Achte auf die Worte des Herrn, die das Herausrufen Seines Volkes betreffen: „In allen Nationen wird dieses Evangelium als ein Zeugnis gepredigt werden, dann wird das Ende kommen." Er sagte auch: „Alle Macht ist mir gegeben im Himmel und auf der Erde. Geht daher aus und machet zu Jüngern alle Nationen, tauft sie in meinem Namen und lehrt sie alles zu halten, was ich euch geboten habe und seht, ich bin bei euch alle Tage bis ans Ende des Zeitalters." In alten Übersetzungen steht: „... bis ans Ende der Welt." So wird es also auch den letzten Teil einschließen. Er ist mit uns! Dann lasst uns weiter zu Jüngern machen. Manche sind vielleicht etwas niedergeschlagen, weil sie keinen zum Herrn geführt haben; aber es mag einiges geben, das Du getan hast, welches Dich an die gleiche Arbeit hineinbrachte und Du ein Teil davon warst.

Wenn Du zum Fischen gingst, hast Du vielleicht nie jemand zum Herrn bekehrt, aber vielleicht bist Du das Werkzeug gewesen für jemand, wodurch er dann zum Herrn gefunden hat. Der Herr vergisst das nicht. Erinnere Dich an die Geschichte von denen, die beim Gepäck standen und den anderen, die den Kampf wieder begonnen und gewonnen haben. Sie teilten gleicherweise das Verderben. Nicht alle von uns können bis zum Ende der Erde gelangen, aber wir können alle Anteil daran haben. Jeder von uns kann daran beteiligt werden, die Nationen zu Jüngern zu machen.

Mt 24,14: *„Und es wird gepredigt werden dies Evangelium vom Reich in der ganzen Welt zum Zeugnis für alle Völker, und dann wird das Ende kommen."*

Was sagt unser Herr wirklich? Er sagt, dass dies so laufen wird bis zum Ende. Aus jeder Verwandtschaft heraus, Sprachen und Völkern und Nationen werden jene hervorgehen, die die Erlösten des Herrn sein werden.

Offbg 7,9-10: *„Danach sah ich, und siehe, eine große Schar, die niemand zählen konnte, aus allen Nationen und Stämmen und Völkern und Sprachen; die standen vor dem Thron und vor dem Lamm, angetan mit weißen Kleidern und mit Palmzweigen in ihren Händen, und riefen mit großer Stimme: Das Heil ist bei dem, der auf dem Thron sitzt, unserm Gott, und dem Lamm!"*

Liebes Gotteskind, ist es nicht unbeschreiblich, dass wir einen für Gott wohlgefälligen Dienst leben? Das wunderbare ist, dass zu jeder Zeit von Aufruhr, Veränderungen und großen Zusammenbrüchen Menschen zum Herrn finden. Daher lesen wir in Joel 3,14 (je nach Alter der Übersetzung Kap. 3,19 oder 4,14): „Es werden Scharen über Scharen von Menschen sein im Tal der Entscheidung, denn des Herrn Tag ist nahe im Tal der Entscheidung." Weit entfernt davon uns zu fürchten vor den Aussichten auf die Endzeit, sollten wir die Zeit auskaufen. Wenn wir in den letzten Tagen dieses Zeitalters leben, dann ist es unsere Pflicht und Schuldigkeit zu erkennen, wie der Ratschluss Gottes seinem Abschluss entgegen geht. Wir sind nicht Zuschauer, sondern Teilnehmer.

Daniel 11,32-35: *„Und er wird mit Ränken alle zum Abfall bringen, die den Bund übertreten. Aber die vom Volk, die ihren Gott kennen, werden sich ermannen und danach handeln. Und die Verständigen im Volk werden vielen zur Einsicht verhelfen; darüber werden sie verfolgt werden mit Schwert, Feuer, Gefängnis und Raub eine zeitlang. Während sie verfolgt werden, wird ihnen eine kleine Hilfe zuteil werden; aber viele werden sich nicht aufrichtig zu ihnen halten. Und einige von den Verständigen werden fallen, damit viele bewährt, rein und lauter werden für die Zeit des Endes; denn es geht ja um eine befristete Zeit."*

Ist es nicht wunderbar, dass es heißt: die ihren Gott kennen, werden stark sein und große Taten vollbringen? Warum sollen wir denken, es wäre unser Los zu erkalten, weil der Herr sagte, dass kein Glaube zu finden sei, wenn er kommt. Warum sollten wir meinen, dass es so mit uns kommen muss? Im Hebräischen kommt das Wort ´große Taten` nicht vor. Im Deutschen können wir nicht einfach sagen: „Sei stark und tue." Du würdest wohl sagen: „Sei stark und arbeite." Doch der Gedanke steckt darin, dass das Volk, das seinen Gott kennt, stark sein und den Ratschluss des Herrn ausführen soll. Meinst Du nicht, dass es sehr schön ist, wenn es über den Antichrist in Daniel 7 heißt: „Als die Zeit kam, nahmen die Heiligen das Königreich ein." Sie sind nicht abgenutzt, auf einer Trage oder besiegt. Nein! Sie kommen um das Königreich einzunehmen genau zu der Zeit, wenn viele von ihnen gefoltert werden.

Das reicht aus, um uns bemerken zu lassen, dass wenn wir vor Gott einen wohlgefälligen Dienst leben, und unter der Gnade Gottes stehen, dass wir herrschen und regieren sollen von einem geheimen Ort aus bis zum Kommen des Herrn. Es wird eines Tages sehr interessant werden, mit Watchman Nee zu reden um zu erfahren, was in der Einzelzelle passiert ist und ob er in der Lage war, dort zu herrschen und zu regieren. Er musste in dieser Zelle eine Menge über den Leib Christi gelernt haben und über ewiges Regieren in der ewigen Regierung mit Christus und dem Aufstieg mit Christus.

Liebes Gotteskind, für solchen Gottesdienst zur Endzeit ist nicht nur Gnade zur Vorsorge gegeben, sondern auch Gnade zur Macht. Der Herr selbst hat versprochen, bei uns zu sein bis ans Ende. Wir können deswegen ruhmreich ermutigt sein. Er wird bei uns weder versagen noch uns liegen lassen. Was uns anbetrifft, so lasst uns versichern, dass wir uns all die Gnade und Macht, die für uns vorbereitet sind, zunutze machen. Lasst uns beten.

O Herr, Wir beugen uns vor Deiner Gegenwart

Und wir danken Dir, dass Du Dein Wort in unsere Herzen schreiben kannst

Und wir bitten Dich solches zu tun.

Wir beten, Herr, dass Du Dein Wort in unser Herz und in unseren Geist schreiben mögest,

Auch wenn es jetzt nicht viel für uns bedeutet;

Wenn die Zeit kommt, wird es uns Dein Geist in Erinnerung bringen

Und uns eine unschätzbare Hilfe, Trost und Stärke sein.

So übergeben wir uns Dir, Herr, mit Lob und Danksagung.

Im Namen unseres Herrn Jesus Christus. Amen.

Kapitel 4

Führe ein Leben in Heiligkeit und Gottergebenheit

Schriftlesung: 2. Petr. 3,1-18

2. Petr 3,1-18: *„Dies ist nun der zweite Brief, den ich euch schreibe, ihr Lieben, in welchem ich euren lauteren Sinn erwecke und euch erinnere, dass ihr gedenkt an die Worte, die zuvor gesagt sind von den heiligen Propheten, und an das Gebot des Herrn und Heilands, das verkündet ist durch eure Apostel.*

Ihr sollt vor allem wissen, dass in den letzten Tagen Spötter kommen werden, die ihren Spott treiben, ihren eigenen Begierden nachgehen und sagen: Wo bleibt die Verheißung seines Kommens? Denn nachdem die Väter entschlafen sind, bleibt es alles, wie es von Anfang der Schöpfung gewesen ist. Denn sie wollen nichts davon wissen, dass der Himmel vorzeiten auch war, dazu die Erde, die aus Wasser und durch Wasser Bestand hatte durch Gottes Wort: dennoch wurde damals die Welt dadurch in der Sintflut vernichtet. So werden auch der Himmel, der jetzt ist, und die Erde durch dasselbe Wort aufgespart für das Feuer, bewahrt für den Tag des Gerichts und der Verdammnis der gottlosen Menschen.

Eins aber sei euch nicht verborgen, ihr Lieben, dass ein Tag vor dem Herrn wie tausend Jahre ist und tausend Jahre wie ein Tag. Der Herr verzögert nicht die Verheißung, wie es einige für eine Verzögerung halten; sondern er hat Geduld mit euch und will nicht, dass jemand verloren werde, sondern dass jedermann zur Buße finde.

Es wird aber des Herrn Tag kommen wie ein Dieb; dann werden die Himmel zergehen mit großem Krachen; die Elemente aber werden vor Hitze schmelzen, und die Erde und die Werke, die darauf sind, werden ihr Urteil finden. Wenn nun das alles so zergehen wird, wie müsst ihr dann dastehen in heiligem Wandel und frommem Wesen, die ihr das Kommen des Tages Gottes erwartet und erstrebt, an dem die Himmel vom Feuer zergehen und die Elemente vor Hitze zerschmelzen werden.

Wir warten aber auf einen neuen Himmel und eine neue Erde nach seiner Verheißung, in denen Gerechtigkeit wohnt. Darum, meine Lieben, während ihr darauf wartet, seid bemüht, dass ihr vor ihm unbefleckt und untadelig im Frieden befunden werdet, und die Geduld unseres Herrn erachtet für eure Rettung, wie auch unser lieber Bruder Paulus nach der Weisheit, die ihm gegeben ist, euch geschrieben hat. Davon redet er in allen Briefen, in denen einige Dinge schwer zu verstehen sind, welche die Unwissenden und Leichtfertigen verdrehen, wie auch die anderen Schriften, zu ihrer eigenen Verdammnis.

Ihr aber, meine Lieben, weil ihr das im voraus wisst, so hütet euch, dass ihr nicht durch den Irrtum dieser ruchlosen Leute samt ihnen verführt werdet und fallt aus eurem festen Stand. Wachset aber in der Gnade und Erkenntnis unseres Herrn und Heilands Jesus Christus. Ihm sei Ehre jetzt und für ewige Zeiten! Amen."

Petrus, der Apostel, spricht von dem abschließenden Gericht, aus dem heraus ein neuer Himmel und eine neue Erde steigen wird. Er fragt sich, was wir wohl für Menschen sein müssten in Anbetracht des Endes. Er spricht durch Gottes Geist inspiriert von einem „heiligen Wandel und frommen Wesen".

Wir tun gut daran, die Worte „heiliger Wandel und frommes Wesen" etwas genauer zu betrachten. Der Apostel Petrus spricht nicht über den ganzen Ablauf der Ereignisse am Ende. Er fasziniert uns nicht mit genauen Details über das zweite Kommen des Herrn, außer dass wir eine bemerkenswerte Beschreibung haben von etwas, das wir heute eine nukleare Explosion nennen würden: „... an dem die Himmel vom Feuer zergehen und die Elemente vor Hitze zerschmelzen werden." Sehr bemerkenswert. Wenn all diese

Dinge verbrennen werden, schmelzen und zergehen werden, dann sagt er: „wie müsst ihr dann dastehen in heiligem Wandel und frommem Wesen." Anders gesagt legt er keinen Wert auf eine technische Abfolge von Ereignissen, obwohl ihm klar ist, was worauf folgt. Er legt die Betonung auf den geistlichen Charakter und das Verhalten - „heiliger Wandel und frommes Wesen."

Wir sollten uns das Wort ′heilig` näher ansehen: heiliges Gebetsleben, heilige Lebensführung, heiliger Lebensweg. Das griechische Wort, das mit ′heilig` oder ′heiliger Wandel` übersetzt wird, ist das gleiche wie für ′Heiligung`, ′heiligen` und ′Heiliger`. Alle drei Worte haben den gleichen Wortstamm. Grundsätzlich bedeutet es ′zur Seite gesetzt`: Absonderung von Sünde, vom Fleisch, von der Welt und vom Teufel; von all diesem abgesondert für Gott. Das schöne ist, dass dies nicht wirklich negativ, sondern positiv ist. Unter den Griechen verwendete man dieses Wort für Menschen, die sich den Göttern widmeten, ganz beiseite gestellt zu den Göttern hin orientiert. Das hebräische Wort, welches auch ′zur Seite gestellt für Gott` bedeutet, lautet ′quadesh`. Es gibt viele verschiedene Worte im Hebräischen mit dem gleichen Wortstamm.

Hier haben wir eine bemerkenswertere Ahnung von Heiligkeit, als es von vielen Menschen gedacht wird. Vor allem geht es um die Frage: beiseite gestellt zu sein oder abgesondert zu sein für den Herrn. Wahre Heiligkeit ist nicht etwas trübseliges, langweiliges, künstliches, dunkles oder permanent düsteres. Ich weiß nicht warum, aber viele junge Leute (und viele ältere zu diesem Thema), sterben fast eine Million Mal, wenn sie das Wort ′Heiligkeit` hören. Sofort denken sie an Menschen, die trübselig sind, langweilig, staubig, altmodisch, anständig, nicht wirklich lebendig, sondern halb tot. Die Vorstellung von Heiligkeit ist, dass man traurig ist, und ständig über die Anfechtungen und Versuchungen spricht, durch die das Kind Gottes gehen muss. Man kleidet sich in dunklen und düsteren Farben und sorgt sich überhaupt nicht um die äußere Erscheinung: dann wäre man heilig. Das ist nicht das, was Gottes Wort mit Heiligkeit meint.

Das Wort Gottes spricht von etwas, welches die Bedeutung hat: durch ein Wirken Gottes für Ihn beiseite gestellt zu sein, abgesondert sein von der Sünde. Man ist losgelöst von der Sünde, davon abgeschnitten. Man ist aus dieser Welt herausgenommen. „Man ist von den Mächten der Dunkelheit erlöst und hineingesetzt in das Königreich Seines lieben Sohnes." Das versteht man darunter. Durch Gottes Wirken ist man hinübergesetzt worden von einer Welt in die andere; aus einer alten Schöpfung heraus in eine neue Schöpfung. Darin gibt es nicht trübseliges oder langweiliges! Beiseite gestellt sein für Gott bedeutet ganz klar, dass wir zu verstehen beginnen, dass unsere Leiber Tempel des lebendigen Gottes sind, Tempel des Heiligen Geistes. Wir müssen lebendig sein, wir müssen vorzeigbar sein und anziehend, weil wir für Gott beiseitegestellt sind. Wir sind Seine Zeugen, Seine Repräsentanten.

Es ist seltsam, dass wir in christlichen Kreisen mit ´heilige Missionen` alles verbinden, was langweilig und traurig ist; doch so war es nicht am Anfang. Wenn ich an die schönen, wilden Lieder der Frau Morris denke; jene ersten Tage der Heiligungsbewegung müssen schrecklich gewesen sein. Ich wollte immer Frau Morris treffen wegen der Lieder, die sie geschrieben hat. Eines ihrer Lieder geht über „Honig und Milch, das von jedem Baum tropft", und viele andere dieser Art.

Lasst uns unsere vormaligen Vorstellungen von Heiligkeit vergessen und gehen wir zurück zu dessen Wurzel. Durch Gottes Wirken sind wir von dieser Welt abgesondert, unsere Verbindungen zu den Mächten der Dunkelheit durchgetrennt und verbunden mit dem lebendigen Gott und mit Ihm eins gemacht. Das ist einfach wunderbar! Es bedeutet, dass wir „Teilhaber an der göttlichen Natur" sind oder „Teilhaber Seiner Heiligkeit". Was mit Heiligkeit zu tun hat, ist deswegen nicht in erster Linie mit der äußeren Erscheinung verbunden, sondern mit inwendigem Charakter.

In Skandinavien gibt es ein altes Sprichwort: „Es ist leichter, schwarze Socken zu tragen als ein reines Herz zu haben." Wie wahr ist das! Es ist viel einfacher, wie ein frommer Mensch auszusehen, als wirklich inwendig einen geistlichen Charakter zu haben. Doch schaut Gott zuerst ins Herz und das ist für Ihn vor allem anderen am wichtigsten. Wir müssen das verstehen. Dann müssen wir verstehen, dass wir allein durch die Gnade Gottes von der Sünde abgesondert sind, von der Welt, vom Fleisch, von den Mächten der Dunkelheit und verbunden sind mit dem Herrn. Das ist der Anfang wahrer Heiligkeit. Ich kann es nicht oft genug betonen.

Heiligkeit, Heiligung oder ein Heiliger sein ist nicht irgendeine Stellung oder Titel oder Qualität, zu welcher wir hinanreichen. Wir leiden alle an der röm.-katholischen Vorstellung, dass wir erst nach vielen guten Werken die Heiligkeit erreichen, nach vielen Zeiten der Trübsal oder nach viel ernstem Streben, Eifer und Aufopferung. Wie Du weißt, spricht die röm.-katholische Kirche manche Leute heilig. Normalerweise hundert Jahre nach ihrem Tod werden sie schließlich zu Heiligen erklärt. Die Bibel weiß zu solchem Tun aber nichts. Der Apostel Paulus schreibt in seinen Briefen immer an die Heiligen in der Stadt oder dem Ort. Sie waren nicht hundert Jahre lang tot und sie wurden auch nicht von irgendjemand heiliggesprochen.

Wer sind die Heiligen, an die er in Korinth schreibt? Wenn es damals eine Kirche gab, dachte ich, die ohne Heilige war, dann ist es Korinth gewesen. Trotzdem spricht er von den Heiligen dort und überall. Er schreibt weiter über Leute, die gegenseitig verklagen, sich an des Herrn Tisch betrinken und von Unmoral der größten und verderbtesten Art. Ist der Mann blind, der diese Leute als Heilige bezeichnet? Ist er verrückt? Ich würde gedacht haben, dass wenigstens er dieses Wort aus seinem Vokabular streichen sollte. Er könnte ja zu Sündern schreiben, die erlöst sind durch Gnade; aber er schreibt an Heilige. Der springende Punkt ist einfach dieses: es ist nicht etwas, das wir erreichen, auch weder Titel noch Stellung, auch keine Qualität. Es ist etwas, in das wir hineingerufen wurden durch die verwandelnde Gnade Gottes. In dem Moment, in dem Dich Gott durch Seinen Geist verwandelt, bist Du in die ehrenvolle Stellung eines Heiligen gerufen - geheiligt. Jetzt mag die Heiligung in Deinem Leben noch nicht so sehr herausgearbeitet sein; aber die Tatsache davon bleibt, dass es Deine Berufung und Stellung ist. Du bist zu dieser Gnade berufen. Du bist zu dieser Stellung berufen. So weit es Gott betrifft, ist jeder in Gott von der Welt und von der Sünde abgesondert. Ihre

Sünden wurden gestrichen. Sie können nicht verwandelt werden, wenn nicht ihre Sünden durch das Lamm Gottes getragen worden sind und gestrichen wurden durch die gerechte Gnade Gottes. Sie wurden für gerecht erklärt, wie wenn sie nie gesündigt hätten. Getrennt von ihren Sünden und abgesondert von der Welt, sind sie nicht länger in Adam, so weit es Gott betrifft. Sie sind in Christus. Jeder einzelne von ihnen bis zum Schwächsten gehört Christus an. Der eine, der gerade vor kurzem irgendwo in der Welt ein Gebet zum Herrn flüsterte und ihn bittete, in sein Herz zu kommen, ist genauso sicher in Christus wie ich. Genau das bedeutet es. Dann ist es etwas sehr Schönes, wenn Du es so verstehst. Wir sind Heilige durch die Gnade Gottes. Das ist unsere Berufung; das ist unser Titel; das ist es, was Gottes Gnade an uns allen getan hat.

Solch eine Stellung ist allerdings nicht einfach wie eine ordentliche Stellung. Sie soll unser ganzes Leben beeinflussen, unser ganzes Verhalten und unsere ganze Lebensführung. Und so kommen wir zu einem „frommen Wandel". Darunter versteht man einfach ´Verhalten` oder ´Lebensweise`.

Dann gibt es noch das andere „fromme Wesen" (2. Petr. 3,11). Dieses Wort steht für Beziehung, Ergebenheit oder Frömmigkeit; die wirkliche Frömmigkeit, die aus der Gottesfurcht kommt. Es ist interessant, dass dieses Wort im Text in der Mehrzahl steht. Deswegen wird manchmal ´Lebensweisen in Heiligkeit und Frömmigkeit` übersetzt, was sagen soll, dass hier nicht einfach ein geistlicher Charakter gemeint ist; es ist ein Festhalten in der Lebensführung und im Verhalten. Das hat nicht nur mit unserer ordentlichen Stellung vor Gott zu tun; sondern diese Heiligkeit, diese Absonderung für Gott, dieses Verbundensein mit dem Herrn, dieser Anteil am neuen Menschen und an einer neuen Schöpfung soll unser ganzes Verhalten und Lebensführung beeinflussen.

Alles Vorangegangene führt unweigerlich zum Schluss: im Lichte des Endes brauchen wir einen frommen Wandel und frommes Wesen, welche sich in Charakter und Lebensführung behaupten.

2. Petr. 3,14: *„Darum, meine Lieben, während ihr darauf wartet, seid bemüht, dass ihr vor ihm unbefleckt und untadelig im Frieden befunden werdet."*

Hier gibt es kein Platz für Beschwerde; kein Platz, um uns selbst zu sagen: „Na gut, meine Stellung vor Gott liegt ganz in der Gnade. Meine Stellung vor Gott hat ganz zu tun mit Seiner Liebe, Gnade und Mitleid. Alles, was ich zu tun habe ist, einfach dem Herrn zu vertrauen, denn Er ist die Kleidung meiner Erlösung." Nein, es gibt etwas mehr zu tun als dieses. Wir sollen uns „bemühen, dass wir in Frieden erfunden werden." Was heißt das? Ich tue. Ich kenne Leute, die würden zwar kein Kino verdunkeln, doch sind es die reizbarsten, schlecht gelauntesten, mürrischsten Leute, die man sich vorstellen kann. Das ist kein frommer Wandel. Das ist ein weltlicher Wandel. Wenn jemand ans Telefon geht und den anderen für ganze fünf oder zehn Minuten lang verleumdet oder kritisiert, weil das Kleid nicht geistlich genug ist und danach kommt, um zu beten und in der Bibel zu lesen, dann ist er weit mehr weltlich gesinnt als jene, die er kritisiert.

Das geht alles zurück auf Folgendes: wir sollen uns bemühen, in Frieden erfunden zu werden - in Frieden untereinander, in Frieden in unserer Familie, in Frieden untereinander in unserer Beziehung zur Familie Gottes - nicht nur in der örtlichen Gemeinde, sondern auch mit den anderen. Manche wollen nicht begreifen, dass jemand, den sie nicht einmal ertragen können selbst wenn sie ihn nur sehen, einige hundert Meilen weit entfernt mit anderen zusammen betet; Dank sei Gott. Sie würden lieber sterben, als mit ihm gesehen zu werden. Doch ist unsere Einheit nicht nur geographisch zu verstehen. Wir sollen eins und im Frieden miteinander sein. Das ist es, was unseren frommen Wandel erkennen lässt. Manche behandeln unerlöste Menschen in einer Weise, wie sie es niemals mit dem Volke Gottes machen würden, weil sie meinen, die Unerlösten wären eben die Unerlösten und bei denen macht es nichts. Ein- oder zweimal habe ich Christen mit solchen Ansichten getroffen. Sie denken, dass sie unerlöste Menschen im Büro, einen ungläubigen Chef,

Kollegen oder Mitarbeiter in einer Weise behandeln, wie sie es niemals bei Christen tun würden, weil jene nicht Erlöste sind. So etwas darfst Du nicht tun. „Bemühe Dich darum, in Frieden erfunden zu werden."

Er schreibt weiter: „ ..ohne Flecken." Das Wort bedeutet ´fleckenlos` oder ´makellos und schuldlos`. Das heißt nicht, dass Du nie Fehler machst, sondern ´schuldlos sein` ist etwas sehr Schönes. Du kannst nicht beschuldigt werden. Manchmal tun wir Dinge, die falsch sind oder unglücklich laufen - kurz: wir machen Fehler. Wenn wir am Ende doch nur schuldlos wären! Ziemlich hoch gegriffen, nicht wahr? Doch darüber spricht er.

Das Thema ´frommer Wandel und frommes Wesen` zieht sich durch das ganze Neue Testament in Verbindung mit Seinem Kommen:

Offbg 19,6-8: *„Und ich hörte etwas wie eine Stimme einer großen Schar und wie eine Stimme großer starker Donner, die sprachen: Halleluja! Denn der Herr, unser Gott, der Allmächtige, hat das Reich eingenommen! Lasst uns freuen und fröhlich sein und ihm die Ehre geben; denn die Hochzeit des Lammes ist gekommen, und seine Braut hat sich bereitet. Und es wurde ihr gegeben, sich anzutun mit schönem reinem Leinen. Das Leinen aber ist die Gerechtigkeit der Heiligen."*

Hat das etwas damit zu tun, dass sich die Braut selbst bereitet? Man kann nicht einfach sagen: der Herr wird schon alles machen; der Bräutigam ist im Glauben auferstanden und hält die Gnade Gottes vor sich. Der Bräutigam ist auferstanden durch die Kraft des Heiligen Geistes und hält das Versprechen vor sich, das ihr durch den Herrn und in dem Herrn gegeben ist.

Offbg 16,15: *„Siehe, ich komme wie ein Dieb. Selig ist, der da wacht und seine Kleider bewahrt, damit er nicht nackt gehe und man seine Blöße sehe."*

Es ist einfach, unsere Kleider fallen zu lassen, so dass unsere Schande gesehen wird. Lies Offbg 22 und hier ist ein anderer interessanter Kommentar:

Offbg 22,11: *„Wer Böses tut, der tue weiterhin Böses, und wer unrein ist, der sei weiterhin unrein; aber wer gerecht ist, der übe weiterhin Gerechtigkeit, und wer heilig ist, der sei weiterhin heilig.“*

Meinst Du nicht, dass das genau an die Wurzeln des Problems geht? Er ist ein schöner Kommentar zu diesem Thema. Mit anderen Worten: Du kannst nicht gerecht handeln, wenn Du nicht durch Gottes Wirken berufen bist in einen frommen Wandel vor Gott, in die heiligende Macht und Gnade des Herrn, in die Stellung Christi. Du kannst Dich nicht noch heiliger machen. Wer ungerecht ist, kann nur ungerecht handeln. Wer unrein ist, kann sich nur noch verunreinigen. Ich hoffe, das hilft Dir ein bisschen.

Titus 2,11-14: *„Denn es ist erschienen die heilsame Gnade Gottes allen Menschen und nimmt uns in Zucht, dass wir absagen dem ungöttlichen Wesen und den weltlichen Begierden und besonnen, gerecht und fromm in dieser Welt leben und warten auf die selige Hoffnung und Erscheinung der Herrlichkeit des großen Gottes und unseres Heilandes Jesus Christus.“*

Er reinigt ein Volk zu Seinem Eigentum, das eifrig ist zu guten Werken, doch haben wir auch die Verantwortung, weltlicher Gesinnung und weltlichen Lüsten zu widerstehen. Wir können das nicht dem Herrn überlassen; das müssen wir selbst tun.

1.Joh 3,1-3: *„Seht, welch eine Liebe hat uns der Vater erwiesen, dass wir Gottes Kinder heißen sollen - und wir sind es auch! Darum kennt uns die Welt nicht; denn sie kennt ihn nicht. Meine Lieben, wir sind schon Gottes Kinder; es ist aber noch nicht offenbar geworden, was wir sein werden. Wir wissen aber: wenn es offenbar wird, werden wir ihm gleich sein; denn wir werden ihn sehen, wie er ist.“*

Hast Du das bemerkt? Die andere Schriftstelle geht darum, dass sich der Herr ein Volk reinigte zu „Seinem Eigentum, eifrig zu guten Werken“. Doch hier heißt es: „Jeder, der solche Hoffnung auf ihn hat ...“, das heißt hoffen auf Sein Wiederkommen und auf die Hinwegnahme, um bei ihm zu sein, „... reinigt sich, gleichwie Er rein ist.“

Wenn wir uns zum Alten Testament wenden, haben wir die Bestätigung der gleichen Dinge das Ende der Tage betreffend.

Daniel 12,10 *„Viele werden gereinigt, geläutert und geprüft werden, aber die Gottlosen werden gottlos handeln; alle Gottlosen werden's nicht verstehen, aber die Verständigen werden's verstehen."*

Das ist das gleiche wie in Offbg steht: „Wer unrein ist, der sei weiterhin unrein; wer ungerecht ist, der tue weiterhin Unrecht." Doch hier steht interessanterweise: „Viele werden gereinigt werden". Du und ich, wir können uns nicht selbst heilig machen, aber wir können mit dem Herrn zusammarbeiten. Wir können es wollen, den Willen Gottes zu tun. Es gibt in diesem Buch genug darüber im Hinblick auf Sein Kommen, dass das Thema von einem frommen Wandel nicht einfach als eine ordentliche Stellung vor Gott angesehen werden kann, welches es zwar ist; es muss aber in unserem Leben zum Vorschein kommen!

Daniel 11,35: *„Und einige von den Verständigen werden fallen, damit viele bewährt, rein und lauter werden für die Zeit des Endes; denn es geht ja um eine befristete Zeit."*

In 2.Petr. 3,15 finden wir diese Worte: „ ...und die Geduld des Herrn erachtet als eure Errettung." Was bedeutet das wirklich? Bedeutet das buchstäblich die Errettung Gottes? Ich denke nicht. Es wird bedeuten, dass wir die Geduld unseres Herrn eine Zeitlang hinnehmen sollen, während welcher wir die Errettung Gottes ausprobieren, entdecken und erfahren können. Warum sollen wir ängstlich auf die Endzeit als etwas Dunkles, Schreckliches und Furchterregendes sehen, wenn alles gegen uns betrübend und hart ist? Warum? „Erachtet die Geduld des Herrn als Errettung." Hier geht es um eine wunderbare Möglichkeit, die Errettung Gottes in ihrer Fülle zu entdecken. Es gibt unberührte Vorräte in Gottes Errettung, die uns in Christus gegeben sind. Erachtet die Geduld des Herrn, dieses lange Erleiden des Herrn, dieses Zurückhalten des Herrn zweiten Kommens als Errettung.

Ich fand noch etwas sehr Schönes in 2. Petr. 3, 17-18. Es ist eigentlich besonders treffend für die Zeit, in der wir gerade leben. „Ihr aber, meine Lieben, weil ihr das im voraus wisst (die Welt weiß nicht, was kommen wird; aber wir wissen es), so hütet euch, dass ihr nicht durch den Irrtum gesetzloser Menschen verführt werdet und fallt." In einer anderen Übersetzung steht: „Menschen ohne Prinzipien": in anderen Worten ist dies genau der Typ von Gesellschaft, in die wir uns hineinbewegen; Menschen, die nicht Gottes Gesetz in ihrem Gewissen tragen. Sie weisen die moralischen Gesetze zurück, die in den Zehn Geboten enthalten sind. Es ist eine gesetzlose Gesellschaft, in der jeder tun kann, was er für richtig hält. Genau das ist der Irrtum, der sich in die neue Kirchengeneration einschleichen kann und uns verführt zur Nachlässigkeit die Ehe betreffend, in der Nächstenliebe und in der Einstellung zu tausend kleinen Dingen. Es ist der Irrtum von „Menschen ohne Prinzipien" - Menschen, die sich von Gottes Gesetz abgewendet und es verlassen haben.

„Achtet darauf, damit ihr nicht mit dem Irrtum der gesetzlosen Menschen weggetragen werdet und eure eigene Standhaftigkeit verliert." Sollen wir als unausweichlich akzeptieren, dass Christen ihre Standhaftigkeit verlieren werden? Ich gehe hier nicht auf die Älteren ein, aber ich denke es ist immer wahr, dass die Alten von ihren Tagen als von einer anderen Zeit sprechen. „Als wir jung waren, haben wir das nicht gemacht. Wir machten dies und jenes." Genau so bewegen wir uns in eine Gesellschaft hinein, in welcher es immer schwerer werden wird, standhaft zu bleiben; aber warum sollten wir das als unausweichlich hinnehmen? Die Gnade Gottes wird für jene in den letzten Tagen mehr verfügbar sein als vorher. Der Herr ist so wunderbar; es gibt nie mehr Manna, als gebraucht wird. Wenn also die Trübsal in jenen Tagen größer wird, die Feindschaft größer wird, der Druck zunimmt - dann wird auch die Gnade größer werden! Warum sollten wir andauernd auf die Kehrseite der Medaille und auf die Feindschaft sehen, an die Schwierigkeiten, Probleme, usw. denken? Warum sehen wir nicht auf die Vorderseite und sagen: „Gnade über Gnade, wie herrlich ist es! Wir werden mehr Gnade zur Verfügung haben als zu Großvaters Zeiten."

Warum den eigenen festen Stand verlieren? Der einzige Weg, deine eigene Standhaftigkeit zu verlieren, ist das Weggetragen werden „durch den Irrtum gesetzloser Menschen“. Siehe, was er dann sagt: „... aber wachse in der Gnade und in der Erkenntnis des Herrn und Erlösers, Jesus Christus.“ So können wir also wachsen in der Gnade und Erkenntnis unseres Herrn und Erlösers Jesus Christus bis genau zum Tage seines Kommens. Komme Wind oder Wetter - wir können in der Gnade wachsen. Hier kannst Du wählen. Für was wirst Du Dich entscheiden? Wirst Du wachsen in der Gnade und der Erkenntnis des Herrn und Erlösers Jesus Christus bis zum Tage Seines Kommens? Ich kann kaum glauben, dass Er von dir enttäuscht sein wird, wenn Du solches tust; oder dass Er sich schämen würde, wenn Du solches tust. Wir sollen einen ´frommen Wandel` haben und ´frommen Wesens` sein und in der Gnade wachsen.

Die Notwendigkeit durchzuhalten

Der nächste Punkt ist die Notwendigkeit durchzuhalten. Es wird eine Notwendigkeit geben für geistliche Standhaftigkeit und geistlichen Mut; die Fähigkeit alles zu erdulden, was auch kommen mag auf unserem Weg. Solch ein Charakter entwickelt sich nicht über Nacht. Die Fähigkeit, Schwierigkeiten und Beschuldigungen zu ertragen; eine Gesellschaft zu ertragen, die dem Evangelium unseres Herrn Jesus Christus völlig widerspricht. Diese Fähigkeit kommt nicht über Nacht. Sie muss hergestellt und geprüft werden durch jahrelanges Training.

Mt 10,22: *„Und ihr werdet gehasst werden von jedermann um meines Namens willen. Wer aber bis an das Ende beharrt, der wird selig werden.“*

Mt 24,13: *„Wer aber beharrt bis ans Ende, der wird selig werden.“*

Mk 13,13: *„Und ihr werdet gehasst sein von jedermann um meines Namens willen. Wer aber beharrt bis an das Ende, der wird selig."*

Die Aussage unseres Herrn: „... der beharret bis ans Ende, wird gerettet werden ..." wird im Neuen Testament nur in der Verbindung mit Verfolgung, Anschuldigung und Trübsal gefunden. Die letzten beiden Schriftstellen haben speziellen Bezug zur Endzeit. Das mit „beharren" übersetzte Wort bedeutet buchstäblich: ´daran festhalten unter` oder ´bleiben unter`. Anders gesagt bedeutet es das Festhalten unter Leiden und Anschuldigungen und dergleichen, um gerade durch das Ende hindurchzukommen. Es heißt ´mutig auf sich nehmen` oder wie wir es übersetzt haben: ´ausharren`.

Was meint der Herr, wenn er sagte: „... der beharret bis ans Ende, wird gerettet werden?" Meint er, dass viele von uns ihre Erlösung verlieren können? „... werden gerettet werden ...". Bezieht sich das auf das physische Überleben und Errettung oder auf das Erlösungswerk Gottes? Es ist im griechischen Urtext interessant, genau wie auch im Deutschen, dass dieses Wort sowohl für physisches Überleben und Errettung als auch für geistliche Erlösung verwendet wird. Wir sagen: „Es war ein Flugzeugabsturz und so viele Menschen wurden gerettet". Wir reden auch von „Glaube an den Herrn Jesus Christus und Du wirst gerettet werden". Es ist das gleiche Wort. Im Neuen Testament finden wir das gleiche:

Apg 27,20: *„Da aber viele Tage weder Sonne noch Sterne schienen und ein gewaltiges Ungewitter uns bedrängte, war all unsre Hoffnung auf Rettung dahin."*

Apg 27,31: *„... sprach Paulus zu dem Hauptmann und zu den Soldaten: Wenn diese nicht auf dem Schiff bleiben, könnt ihr nicht gerettet werden."*

In beiden Schriftstellen spricht Paulus vom physischen Überleben. Es gibt vieles zum Kommen des Herrn, was auf das physische Überleben hinweisen lässt in der Aussage: „... der beharret bis ans Ende ...". Der mutig auf sich nimmt, der Kompromisse zurückweist oder den Herrn nicht verleugnet im Angesichte von schwerer Verfolgung, wird durchkommen. Doch gibt es hierzu ein nennenswerten Punkt zu beachten, bevor wir das akzeptieren; und zwar in Lk 21,19. Lukas war ein bemerkenswerter Mann. Er war nicht nur Arzt, sondern er war immer wieder sehr genau in der Art und Weise, wie er Dinge aufschrieb. Obwohl die anderen Schreiber, Matthäus und Markus, oft die gleichen Worte gebrauchten, so fürchtet sich Lukas doch nicht, hier und da etwas andere Worte zu gebrauchen, um uns den Schlüssel für das Ganze zu geben. So ist es mit dieser Stelle in Mt 24 und Mk 13 und er drückt es in folgender Weise aus:

Lk 21,19: *„Seid standhaft, und ihr werdet euer Leben gewinnen."*

Das Wort ′Geduld` ist das gleiche wie `Beharren`. In Deinem Beharren, oder in Deiner geistlichen Standhaftigkeit und in Deinem Mut wirst Du Deine Seele gewinnen. Manche von Euch werden das Wort ′Leben` in der Randbemerkung sehen, denn es ist hier die Frage, was das Wort ′Seele` bedeutet. Oft wird die Seele mit dem Fleisch verbunden, weil diese zusammenpassen. Es kann noch immer physisches Überleben bedeuten, aber ich würde sagen, dass es etwas mehr wie physisches Überleben abdeckt. Für mich sieht es so aus, als ob es hier um die Zurückweisung von Kompromissen geht; nämlich darum, Christus nicht zu verleugnen, Ihn nicht gering zu schätzen. Wenn wir uns daranhalten, werden wir unsere Seelen gewinnen. und wir werden unser Erbe gewinnen und besitzen. Wir brauchen Geduld, Ausdauer und Standhaftigkeit.

Es gibt auch eine ganze Anzahl, die an eine teilweise Ernte glauben und sehen in diesen Gedanken Unterstützung solchen Glaubens. Der beharret bis ans Ende, wird hinweggenommen werden, um bei dem Herrn zusein. Sie sehen dies auch in dieser Stelle:

Lk 21,36: *„So seid allezeit wach und betet, dass ihr stark werdet, zu entfliehen diesem allen, was geschehen soll, und zu stehen vor dem Menschensohn."*

Wie können wir all dem entfliehen, das kommen soll sich zu ereignen, wenn es nicht so etwas wie eine Entrückung gibt? Ich werde dieses Thema hier nicht aufnehmen, weil dieses Buch nichts mit den aufeinander folgenden Ereignissen zu tun hat. Aber ich möchte dies hier unterstreichen, dass egal aus welcher Sicht wir dieses Thema betrachten, eines ganz klar ist: wir brauchen Mut zum Durchhalten, viel Standhaftigkeit und Mut in unserem geistlichen Leben, wenn wir in den letzten Tagen nicht der Versuchung erliegen wollen. Das wird nicht über Nacht kommen. Ich wünschte, es wäre so. Oh, ich wünschte, dass wir irgend etwas Erleuchtendes erfahren und wir plötzlich voller Ausdauer und Geduld sind. Aber das Wort sagt genau, dass wir beharren müssen. Nur Gott kann in uns die Fähigkeit zur Ausdauer hervorbringen. Wenn ich Leute höre, wie sie über die kleinsten Dinge stöhnen, fühle ich mich innerlich traurig. Ich weiß, dass wenn ich es wage jemandem zu sagen: „Darüber stöhnst Du? Was meinst Du wohl, was bald über die Welt kommen wird?“ dieser jemand sagen wird: „Ich halte es einfach nicht mehr aus. Es ist nicht gut.“ Manchmal sind es jene, die als ganz verantwortungsvolle Christen angesehen werden; manchmal sind es Christen, die schon viele Jahre auf dem rechten Weg sind. Sie können dies nicht tun und das nicht tun. Hier oder da gibt es etwas, oder es geht um die Zeit oder um die Umstände. Wenn wir nicht beharren können, wenn alles um uns herum gegen uns ist? Ich möchte nun nicht versuchen, Euch schlechte Zeiten zu wünschen. Was ich zu sagen versuche ist dies: höre auf zu stöhnen, höre auf zu murren, höre auf Dich zu beschweren und fange an dem Herrn zu erlauben, Dich auszubilden. Beschuldige nicht dauernd jemand anderes. „Sie haben dies oder jenes getan oder auch etwas anderes; das ist zu viel; das ist der Tropfen zum Überlaufen ...“. Danke Gott dafür! Dieser Tropfen, von dem Du meintest, dass durch ihn das Fass überläuft, ist nicht der letzte Tropfen, der das Fass zum Überlaufen bringt. Dazu braucht es noch viel, viel mehr. Nimm es vom Herrn und sage: „Oh Herr, ich danke Dir so sehr. Ich glaube dieser oder jener richtet mich falsch in dieser Sache. Aber Herr, ich danke Dir, dass ich lerne zu beharren.“

In den Tagen der Missionarsausbildung mussten sie die schlimmsten Dinge durchmachen. Sie sägten tatsächlich ein zehn Zentimeter großes Loch in ihre Schlafzimmertüren und schalteten einen Ventilator im Flur ein an sehr kalten Tagen, so dass sie den Luftzug der kalten Luftströmung spürten. Dahinter stand der Gedanke, dass zukünftige Pioniere auch bei schlimmsten

Bedingungen bestehen müssen oder sie würden es nicht schaffen, ihre Botschaft weiterzugeben.

Die liebe alte Miss Grapes gründete das „Redcliff Schulungszentrum für Missionare“. Was war sie für ein geistlicher Drachen! Sie war ganz von selbst so. Möge sie für immer gesegnet sein. Ich erinnere mich an Mary Reese, die mir erzählte, wie Miss Grapes hereinkam, Mary′s Akkordeon nahm und sagte: „Wie kannst Du es wagen, ein Akkordeon zu spielen. Eine Dame spielt nicht Akkordeon.“ Mutter Reese sagte: „Oh Herr, bringe mich so schnell Du kannst unter eine schattenspendende Palme, weg von Miss Grapes.“ Aber Miss Grapes handelte so von sich aus. Sie wusste ganz genau, dass Mutter Reese schließlich doch ihr kleines Akkordeon mitnehmen würde und vor dem Volk spielen würde irgendwo im Kongo; und dass sie es für den Herrn verwenden würde. Aber sie verletzte sie im Herzen.

Ich erinnere mich auch an Ina Buckley, die mir erzählte, wie sie von Miss Grapes sehr freundlich gefragt wurde: „Möchtest Du morgen ein Gebet vorsprechen?“ Ina freute sich sehr darüber und sie war auch ein bisschen stolz darauf. Sie wandte sich an den Herrn und bekam ein Wort und stand auf und betete. Dann, vor allen anderen Mädchen am Frühstückstisch, sagte Miss Grapes zu ihr: „Miss Buckley, wie, meinen Sie, kam ihr Beitrag heute morgen an?“ Sie antwortete: „Oh, sehr gut, Miss Grapes. Ich fühlte, daß mir der Herr geholfen hatte.“ Darauf Miss Grapes: „Nicht halb so viel wie Er könnte, wenn Sie nur halb so stolz gewesen wären.“ Ina erzählte, dass sie dabei fast umgefallen wäre.

Es gab auch eine lange Liste, nach der sie auch das Kleinste in Miss Grapes′ Schlafzimmer sauber machen mussten. Die Mädchen sagten gewöhnlich: „Warum sollen wir das Schlafzimmer von Miss Grapes sauber machen?“ Sie kam dann hereingestürzt wie ein Offizier, inspizierte alles und sagte: „Das hier ist schmutzig.“ Und wenn die Mädchen sagten „Oh, aber ich habe es geputzt.“ dann kam zurück: „Hast Du nicht! Du wirst es noch einmal putzen.“ Sie konnten Miss Grapes nicht leiden. Sie betrachteten sie als einen schrecklichen, alten Drachen. Aber es gab nicht eine von ihnen, die Miss Grapes nicht irgendwann bewunderten. Warum? Weil sie schließlich gute Freunde wurden. Einmal den Kurs überstanden, fanden sie plötzlich eine warmherzige, liebe Frau, eine Nachfolgerin des Herrn. Sie sagte, dass sie jeden von der Arbeit im sogenannten ′Feld` abhalten wollte, der es nicht aushielt.

Natürlich kann man das heute nicht mehr machen; es gäbe eine Revolution. Kannst Du Dir das vorstellen? Es gäbe eine riesige Revolution. Aber wir haben heute auch nicht mehr dieses Durchhaltevermögen. Stört Euch nicht daran ihr jungen Leute. Wir leben heute in einer anderen Zeit. Im kirchlichen Leben gibt es noch viel Disziplin. Es gibt Missverständnisse, falsche Vorstellungen voneinander, vieles geht schief; Umstände, in denen wir bitten, dass etwas getan wird und wir denken, dass es zuviel für uns ist und überhaupt alles über unseren Kopf wächst. Betrachte es als eine Möglichkeit, wie der Heilige Geist Dich ausbildet zur Fähigkeit, solches zu ertragen und auszuharren. Wenn Du damit beginnst, im Kleinen treu zu sein, dann wird eine Zeit kommen, in der Du wie ein Fels in Krisentagen und Stürmen stehen wirst. Lerne auszuharren.

Die Notwendigkeit geistlicher Gewissheit und Klarheit

Eines der Dinge, die während der Endzeit auftreten werden, sind falsche Propheten, falsche Erlöser und viele, die behaupten werden, dass sie im Namen des Herrn kommen, obwohl sie mit Seinem Wirken überhaupt nichts zu tun haben. Wir sind davor immer wieder gewarnt worden. Ich kann Dir nur einige Beispiele dazu nennen:

Mt 24,23-25: *„Wenn dann jemand zu euch sagen wird: Siehe, hier ist der Christus! oder: da!, so sollt ihrs nicht glauben. Denn es werden falsche Christusse und falsche Propheten aufstehen und große Zeichen und Wunder tun, so dass sie, wenn es möglich wäre, auch die Auserwählten verführten. Siehe, ich habe es euch vorausgesagt.“*

Lk 17,22-24: *„Er sprach aber zu den Jüngern: Es wird eine Zeit kommen, in der ihr begehren werdet, zu sehen einen der Tage des Menschensohns, und werdet ihn nicht sehen. Und sie werden zu euch sagen: Siehe, da! oder: Siehe, hier! Geht nicht hin und lauft ihnen nicht nach! Denn wie der Blitz aufblitzt und leuchtet von einem Ende des Himmels bis zum anderen, so wird der Menschensohn an Seinem Tage sein."*

Mk 13,21-23: *„Wenn dann jemand zu euch sagen wird: Siehe, hier ist der Christus! siehe, da ist er!, so glaubt es nicht. Denn es werden sich erheben falsche Christusse und falsche Propheten, die Zeichen und Wunder tun, so dass sie die Auserwählten verführen würden, wenn es möglich wäre. Ihr aber seht euch vor! Ich habe euch alles zuvor gesagt!"*

Eines muss hier ganz klar gesagt werden: ohne Zweifel werden in den letzten Tagen Leute kommen und sagen: „Ich bin Jesus". Soweit ich weiß, gab es mindestens drei Menschen, die in den Friedhof von Jerusalem gingen, zu Leutnant Dobie hinauf in die Verwaltung stiegen und sagten: „Ich bin Jesus." Und er, in seiner bekannten englischen Höflichkeit, hatte ihnen alles in der Gegend gezeigt und sagte: „Na ja, dann wirst Du Dich ja an dies und jenes erinnern." Aber solches sind falsche Jesusse. Wir machen leider einen großen Fehler im Neuen Testament mit dem Wort Christus. So viele Menschen halten es als eine Art Nachname von Jesus. ´Christus` heißt im Hebräischen ´Messias`. Es werden viele falsche Messiasse kommen und falsche Propheten. Obwohl es immer manche geben wird, die behaupten Jesus zu sein, so sind jene weit gefährlicher, die behaupten ein falscher Messias zu sein, der in ein goldenes Zeitalter führt, ins Paradies bringt, in eine neue Ära des Wohlstands führt und die Menschheit vereinigt. Es werden viele falsche Messiasse kommen und falsche Propheten, die reden werden wie wenn sie vom Herrn kämen.

Was ist ein falscher Prophet? Es ist einer der sagt: „So spricht der Herr." Er beansprucht vom Herrn zu reden mit falschen Zeichen und Wundern. Es ist nicht etwas, das Du klar durchschaust; sondern etwas, das genauso Zeichen und Wunder sind wie jene bei uns, die wir das Volk Gottes sind. Doch sind es notwendig falsche Zeichen und Wunder. Sie sind nicht betrügerisch, sondern falsch, weil es die Kraft der bösen und dämonischen Geister ist und nicht die Kraft Gottes. Es heißt dazu: „... sogar die Auserwählten, wenn es möglich wäre ..." werden getäuscht. Dabei bekommt man das Gefühl, dass seitens des bösen Teiles, die Auserwählten zu täuschen, enorme Anstrengungen unternommen werden. Mit anderen Worten: die Auserwählten werden das Ziel sein. Wie notwendig wird dann geistliche Klarheit und Gewissheit sein!

Meine Freunde, sagt nicht einfach: „Na ja, für mich ist das nichts. Ich gehöre nicht zu den Menschen, die für Geistliches besonders empfänglich sind. Es ist gut, dass wir den einen und anderen unter uns haben; die haben einen Sinn für das geistliche Wissen." Das ist nicht gut genug. Deswegen muss jeder von uns anfangen den Herrn zu bitten: „Herr, laß mich empfänglich sein für geistliches Wissen. Gib mir Weisheit."

Jak 1,5-6: *„Wenn es aber jemandem unter euch an Weisheit mangelt, so bitte er Gott, der jedermann gern gibt und niemanden schilt; so wird sie ihm gegeben werden."*

Es ist für mich eine beständige Quelle des Erstaunens, wie wirklich beschäftigt Gläubige mit Dingen sind, die mit Gott nichts zu tun haben. Dabei denke ich zum Beispiel an dieses schreckliche Geschäft „Wiedervereinigung im Heiligen Geist" von Dr. Moon - diesem falschen Messias aus Korea. Er sagt, dass er der Messias ist. Ich finde es erstaunlich, wenn ich durch Universitäten komme, junge Gläubige in Christengemeinschaften zu finden, die ganz eingenommen sind von diesem Geschäft von Dr. Moon. Ich kann es nicht glauben; vielleicht kennen einige unter Euch auch wiedergeborene Gläubige, die ganz eingenommen sind von dieser koreanischen Sache. Dann gibt es die Vereinigungsschule der Christenheit und ich habe noch nie einen größeren Quatsch gesehen. Ich habe alle Bücher dieser Schule gelesen und noch nie größeren Unsinn und Abfall gelesen. Darin werden die Worte von Paulus in der Bibel genommen und bekommen einen ganz anderen Sinn, als eigentlich aus der Bibel hervorgeht. So ganz nebenbei nehmen sie auch etwas Geld von den Leuten ein. Aber es gibt wirklich Gläubige, die ganz aufgehen in dieser Sache. Dann höre ich sie von Colonel Ghadaffi reden wie von einem Propheten und ich fange an mich zu fragen, wie Gläubige mit so etwas zu tun bekommen. Ich traf Leute, die zu mir kamen und sagten, sie wären Christen und dass sie ihren Ehemann und drei Kinder verlassen haben in Seattle, in Washington, weil der Herr es ihnen so gebot. Nun leiten sie irgendwo ein Haus, in dem sie sich alle treffen. Ich verstehe das nicht. Mir wurde gesagt, dass die Grundlage dafür die Schriftstelle ist: „Wenn Du Vater und Mutter, Bruder und Schwester mehr liebst wie mich ...“. Ich habe den Verdacht, dass diese Ehen nicht glücklich waren.

Ich erinnere mich, als Watchman Nee während dem Predigen einen Stab warf und sagte: „Wenn Du ihn zu Boden wirfst, wirst Du sehen, wie er zur Schlange wird und so ist es mit allem. So ist es mit der Ehe. Du kannst Deine Ehe nicht selbst in die Hand nehmen; Du musst sie an Gott übergeben. Wirf sie zu Boden und Du wirst sehen, wie eine Schlange daraus wird.“ Er sah einen Mann, der von einem Ohr bis zum anderen strahlte. So sicher genug, dass er danach zu ihm kam und sagte: „Bruder Nee, ich freue mich so sehr, dass Du das sagtest. Ich werde dem Herrn folgen und so tun mit meiner Frau.“ Bruder Nee sagte zu ihm: „Warte damit noch bis zum nächsten Mal.“ Und der Mann sagte: „Ja, ich kann warten. Ich bin so glücklich.“ So ging er freudig davon. Das nächste Mal sprach Bruder Nee darüber, den Stab in die Hand zu nehmen.

Manche Leute sind von den wunderlichsten Dingen eingenommen und verdrehen die Schrift in bemerkenswerter Weise, nur um ihre eigenen Vorstellungen und Launen zu befriedigen. Aber ist es nicht überraschend, wenn Gläubige sich mit solchen Dingen einlassen? Wir sind vom Herrn selbst davor gewarnt worden, dass es während der unruhigen letzten Zeit viele geben wird, die vorgeben für Gott zu sprechen, Seinen Willen und Geist darzulegen und Christus selbst zu sein oder der Messias. Sicher wissen wir, dass es eine weltweite Kirche geben wird, welche wahrscheinlich allen Glauben darstellen wird, nicht nur den „christlichen“ Glauben. Die Bibel nennt das Hurerei (Offbg 17,1-6). Wir lesen von etwas, das den Namen trägt: die Mutter der Hurerei, ein Geheimnis oder das große Babylon. Wenn wir dieses Kapitel lesen, wird es uns ganz klar, dass diese Frau mit Gold, kostbaren Steinen und Perlen geschmückt ist. Es ist ein Bild, wie wir es von Prostituierten haben. In den Kapiteln 17, 18, 19 und 21, 22 der Offenbarung haben wir die Braut. Wir sehen darin, dass die Braut aus purem Gold gemacht ist, durchsichtig ist wie Glas, kostbare Edelsteine und Perlen, und sie ist eine Jungfrau. Die Prostituierte ist nur oberflächlich geschmückt. Äußerlich ist sie ganz aus Gold, verziert mit kostbaren Edelsteinen und Perlen. Viele Leute werden mir sagen: „Gläubige werden gewiss nicht um so etwas angezogen werden." Oh doch! Viele werden von ihr angezogen werden. Sie werden mit einem Ring in der Nase hingezogen werden aufgrund einer falschen Vorstellung von Einigkeit.

Offbg 18,4: *„Und ich hörte eine andere Stimme vom Himmel, die sprach: Geht hinaus aus ihr, mein Volk, dass ihr nicht teilhabt an ihren Sünden und nichts empfangt von ihren Plagen!"*

Wenn der Herr sagen muss: „Geht hinaus aus ihr, mein Volk", dann bedeutet das, dass sehr viele von Seinem Volke darin verwickelt sind. Aus Offbg 13,1-2 wird klar, dass wir das Tier vor uns haben, ein großes weltweites System. Ich persönlich glaube nicht, dass es der Kommunismus ist. Ich glaube, es wird eine neue Form von sozialistischem Faschismus sein, wenn man sich ein solches Gemisch vorstellen kann. Es wird aus einer schweren Zeit heraus entstehen und die ganze Welt wird ihm folgen. Dann, werden wir sagen, müssen wir eine Weltregierung haben, mit einer Weltarmee und einer Welt-Polizei und mit genügend Macht in einem Welt-Kabinett, um Frieden in der ganzen Welt durchzusetzen. Das interessante daran ist, wenn Du Offbg 13,11 liest, dass Du hier einen falschen Propheten findest. Dieser falsche Prophet steigt aus der Erde herauf (das andere Tier kommt aus dem Meer) und hat zwei Hörner wie ein Lamm, aber es ist die Stimme des Drachens. Wir haben hier in anderen Worten die religiöse Seite von diesem großen weltpolitischem System. Wenn Du diese drei Dinge zusammenbringst: der falsche Prophet, welcher das Haupt einer vereinigten weltweiten Kirche ist, die aus allen Glaubensrichtungen besteht, doch vornehmlich christlich ist; ein weltweites politisches System, das von dem Antichristen als politisches Haupt angeführt wird; und die Hure; was brauchen Du und ich dann noch, um geistliche Klarheit und Gewißheit zu haben! Es wundert nicht, dass der Apostel Paulus schreibt:

2.Thess 2,4: *„Er ist der Widersacher, der sich erhebt über alles, was Gott oder Gottesdienst heißt, so dass er sich in den Tempel Gottes setzt und vorgibt, er sei Gott."*

2.Thess 2,8+9: *„... und dann wird der Böse offenbart werden. Ihn wird der Herr Jesus umbringen mit dem Hauch seines Mundes und wird ihm ein Ende machen durch seine Erscheinung, wenn er kommt."*

Weiter schreibt er, dass die ganze Welt folgen wird. Wie wichtig wird daher Klarheit sein für alle Erlösten! Wir brauchen jene geistliche Klarheit und Gewissheit, die uns davor bewahrt, verführt oder getäuscht zu werden, sogar um nicht in unserem Gewissen erschüttert oder verwirrt zu werden. Es ist interessant, dass in dem gleichen Kapitel folgendes steht:

2.Thess 2,1-2: *„Was nun das Kommen unseres Herrn Jesus Christus angeht und unsere Vereinigung mit ihm, so bitten wir euch, liebe Brüder, dass ihr euch in eurem Sinn nicht so schnell wankend machen noch erschrecken lasst - weder durch eine Weissagung noch durch ein Wort oder einen Brief, die von uns sein sollen - als sei der Tag des Herrn schon da."*

Wir sind dafür besonders ausgerüstet worden, also fürchte Dich nicht. In 1.Joh. 2,18 heißt es, dass dieser Geist des Antichristen in der Welt ist, aber fürchte Dich nicht, denn wir haben eine Salbung von dem Einen Heiligen. Ist das nicht wunderbar! Das wunderbarste daran ist, dass er zuvor spricht als von „Vätern, Söhnen und kleinen Kindern", welche Babies oder Kleinkinder sind. Wenn er von dieser Salbung schreibt, so wird sie niemand verwechseln mit der Salbung des Heiligen Geistes, die später auf uns herab kommt zum Dienst. Er schreibt: „Liebe Kinder (Kleinkinder), ihr habt eine Salbung vom Heiligen Geist." Es wird keinen Grund geben zu sagen: „Was werden wir tun? Der eine ist gegangen, der andere ist gegangen und jener ist auch gegangen. An wen sollen wir uns wenden? Wer wird uns sagen, was richtig und falsch ist?“ Nein, der kleinste von uns oder das kleinste Baby von uns - geistlich verstanden - hat die Salbung von dem Herrn. Deswegen sollen wir lernen, in Ihm zu bleiben.

In 1.Joh. 27 steht: „Ihr braucht keine Lehrer.“ Das heißt nicht, dass ihr nicht mehr zu belehrt werden braucht - genau das ist es ja, was wir brauchen. Lehrer sind für die Kirche gegeben worden und wir sollen auf sie hören und mit ihnen Kontakt haben und sie ehren. Widerspricht sich die Schrift selbst? Nein: es heißt, dass Dir nicht gesagt werden muss, was vom Antichristen ist und was nicht. Du brauchst keinen der sagt: „Also, achte auf dies und jenes; das ist falsch und jenes ist richtig.“ Es ist eine Salbung in Dir, die Dir das sagen wird. Oft kommt sie bei denen zum Ausdruck, die unter uns die jüngsten im Herrn sind. Diejenigen von uns, die schon älter sind, sind so daran gewöhnt, diese Zeugnisse des Geistes zu unterdrücken, indem sie sagen: „Oh, ich habe etwas gegen diese Person.“ Gefühlsmäßig sind wir dagegen und so unterdrücken wir es und sagen: „Na ja, ich muss fair sein.“ Wir beugen uns nach hinten und schlucken das ganze. Doch immer wieder kommen Jüngere im Herrn her und sagen: „Sage mir, was daran so seltsam ist.“ Und man kann nur sagen: „Du hast schon recht.“ Wenn wir noch jung im Herrn sind, gebrauchen wir nicht unseren Kopf; wir gebrauchen unseren Geist und unser Geist sagt: „Die Worte dieses Mannes sind sehr gut, aber irgend etwas daran ist seltsam. Sei vorsichtig.“ Du hörst eine Alarmglocke. Manche Leute gehen zu irgendwelchen Treffen und sagen: „Ich fühlte mich ängstlich.“ Wenn der Heilige Geist am Werke ist, fühlst Du Dich nicht in falscher Weise ängstlich. Wenn Du jene Art von Angst verspürst, kann es manchmal diese Salbung sein, die sagt: „Sei vorsichtig, sei vorsichtig.“

Wir brauchen diese Salbung. Sonst wird uns der Teufel in seine Falle bekommen und jedes Mal, wenn der Heilige Geist uns in eine neue Entdeckung des Herrn führen möchte, werden wir sagen: „Oh nein, ich muss vorsichtig sein. Nichts neues! Ich habe schon alles bekommen im Herrn.“ Du brauchst all das, was der Herr so innig gewonnen hat für Dich und Du wirst es nicht bekommen, indem Du da sitzt und Dich fürchtest.“ Du schaffst es, indem Du Dich von der Salbung in Dir belehren lässt, was von Gott ist und was nicht von Ihm ist. Wenn es von Gott ist - nimm es im Glauben. Gehe ganz darin auf. Wenn es nicht von Gott ist - bleib weg davon. Berühr es nicht! Und so wirst Du geleitet.

Lasst uns nicht in die Falle laufen, von der der Apostel Paulus in 2.Tim. 4,3 schreibt: „In den letzten Tagen wird ein großer Abfall kommen. Sie werden die heilsame Lehre nicht ertragen, aber die Ohren werden ihnen jucken.“ Welch lustiges Wort: juckende Ohren. Manchmal halte ich das für ein vollkommenes Bild zur Evangelisation, auch wenn ich mich darüber schrecklich aufrege. Manche verbringen ihre ganze Zeit mit Zuhören und tun nichts anderes als zuhören. Der Pfarrer macht es andauernd. Aber das ist vielleicht etwas unfreundlich, denn „juckende Ohren“ bedeuten etwas mehr wie das. Diese „juckenden Ohren“ sind Ohren, die das hören möchten, was sie hören wollen. Sei vorsichtig. Es gibt einige Leute, die es nicht ertragen können, vom zweiten Kommen des Herrn zu hören. Sie wollen es nicht hören, weil sie sich fürchten. Sie möchten nur schöne, tröstende Worte hören; von Dingen, die sie beruhigen, die sie verhätscheln, oder die ihnen ein gutes Gefühl geben. Wir, die wir „juckende Ohren“ haben, häufen uns Lehrer an und gehen dann in die Falle. Wir sind blind für große Teile von Gottes Wort, wo Gott zu uns reden möchte. Möge der Herr uns in dieser Sache helfen. Wir brauchen Klarheit. Wir sind vorgewarnt und Dank sei Gott: Er hat für uns vorgesorgt. Somit gibt es keine Entschuldigung! Wir alle können den Herrn suchen und bitten, dass wir das Werk der Salbung in uns zu lernen beginnen. Sie lehrt uns, was richtig und falsch ist. Und wenn wir jetzt zu lernen beginnen, so wird es uns in einen guten Stand bringen in den noch kommenden Tagen.

Lieber Herr, wir beugen uns in Deiner Gegenwart

Und wir danken Dir und loben Dich für Deine Güte zu uns

Und Herr, wir beten

Dass Du Dein Wort auf unsere Herzen schreiben mögest

Damit wir ein Leben in Heiligkeit und Dir zum Wohlgefallen führen

Standhaft und in Klarheit und Gewissheit, so dass wir an Erfahrung zunehmen

Und wir bitten darum

Im Namen unseres Herrn Jesus Christus. Amen.

Kapitel 5

Konkretes Beten in Beziehung mit dem Ende

Schriftlesung Lk 21,5-36

Lk 21,5-35: „*Und als einige von dem Tempel sagten, dass er mit schönen Steinen und Kleinoden geschmückt sei, sprach er: Es wird die Zeit kommen, in der von allem, was ihr seht, nicht ein Stein auf dem andern gelassen wird, der nicht zerbrochen werde.*

Sie fragten ihn aber: Meister, wann wird das geschehen? und was wird das Zeichen sein, wenn das geschehen wird? Er aber sprach: Seht zu, lasst euch nicht verführen. Denn viele werden kommen unter meinem Namen und sagen: Ich bin's, und: die Zeit ist herbeigekommen. Folgt ihnen nicht nach! Wenn ihr aber hören werdet von Kriegen und Aufruhr, so entsetzt euch nicht. Denn das muss zuvor geschehen; aber das Ende ist noch nicht so bald da.

Dann sprach er zu ihnen: Ein Volk wird sich erheben gegen das andere und ein Reich gegen das andere, und es werden geschehen große Erdbeben und hier und dort Hungersnöte und Seuchen; auch werden Schrecknisse und vom Himmel her große Zeichen geschehen. Aber vor diesem allen werden sie Hand an euch legen und euch verfolgen, und werden euch überantworten den Synagogen und Gefängnissen und euch vor Könige und Statthalter führen um meines Namens willen. Das wird euch widerfahren zu einem Zeugnis.

So nehmt nun zu Herzen, dass ihr euch nicht vorher sorgt, wie ihr euch verantworten sollt. Denn ich will euch Mund und Weisheit geben, der alle eure Gegner nicht widerstehen noch widersprechen können.

Ihr werdet aber verraten werden von Eltern, Brüdern, Verwandten und Freunden; und man wird einige von euch töten. Und ihr werdet gehasst sein von jedermann um meines Namens willen.

Und kein Haar von eurem Haupt soll verloren gehen. Seid standhaft, und ihr werdet euer Leben gewinnen.

Wenn ihr aber sehen werdet, dass Jerusalem von einem Herr belagert wird, dann erkennt, dass seine Verwüstung nahe herbeigekommen ist. Alsdann, wer in Judäa ist, der fliehe ins Gebirge, und wer in der Stadt ist, gehe hinaus, und wer auf dem Lande ist, komme nicht herein. Denn das sind die Tage der Vergeltung, dass erfüllt werde alles, was geschrieben ist. Weh aber der Schwangeren und den Stillenden in jenen Tagen! Denn es wird große Not auf Erden sein und Zorn über dies Volk kommen, und sie werden fallen durch die Schärfe des Schwertes und gefangen weggeführt unter alle Völker, und Jerusalem wird zertreten werden von den Heiden, bis die Zeiten der Heiden erfüllt sind.

Und es werden Zeichen geschehen an Sonne und Mond und Sternen, und auf Erden wird den Völkern bange sein, und sie werden verzagen vor dem Brausen und Wogen des Meeres, und die Menschen werden vergehen vor Furcht und in Erwartung der Dinge, die kommen sollen über die ganze Erde; denn die Kräfte der Himmel werden ins Wanken kommen.

Und alsdann werden sie sehen den Menschensohn kommen in einer Wolke mit großer Kraft und Herrlichkeit. Wenn aber dieses anfängt zu geschehen, dann seht auf und erhebt eure Häupter, weil sich eure Erlösung naht.

Und er sagte ihnen ein Gleichnis: Seht den Feigenbaum und alle Bäume an: wenn sie jetzt ausschlagen und ihr seht es, so wisst ihr selber, dass jetzt der Sommer nahe ist. So auch ihr: wenn ihr seht, dass dies alles geschieht, so wisst, dass das Reich Gottes nahe ist. Wahrlich, ich sage euch: Dieses Geschlecht wird nicht vergehen bis es alles geschieht. Himmel und Erde werden vergehen; aber meine Worte vergehen nicht.

Hütet euch aber, dass eure Herzen nicht beschwert werden mit Fressen und Saufen und mit täglichen Sorgen und dieser Tag nicht plötzlich über euch komme wie ein Fallstrick: denn er wird über alle kommen, die auf der ganzen Erde wohnen."

Unser Herr erzählt uns in einer ganz bestimmten Art und Weise zu beten, wenn Er sich auf die Zeit der Trübsal und Not während der letzten Phase der Endzeit bezieht. Er sagt seinen Jüngern, wenn diese Zeit über sie kommen würde und sie fliehen müssten, sollen sie darum beten, dass es nicht am Sabbat ist oder im Winter, dass es „nicht in Winter- oder Regenzeit fällt und sie großer Kälte ausgesetzt werden." Du solltest wissen, dass es in Israel speziell nur eine Periode im Jahr gibt, in welcher es heftigen Regen geben kann, der in jeder Gegend kommen kann entweder zwischen November und Dezember oder Februar und März. Wenn dieser Regen kommt, so kann er als Hochwasser die Täler hinabfließen mit mehreren Metern Tiefe.

Als wir vor zwei oder drei Jahren im September dort waren, kam ein plötzliches Gewitter, was sehr ungewöhnlich war. Es überschwemmte die Gegend um Bethlehem mit Wasser und elf junge Leute, denen gesagt wurde, keine Wanderung zu machen, verloren ihr Leben. Als sie weg gingen, sahen sie über sich nur blauen Himmel. Sie konnten die Wolke in der Entfernung nicht sehen wegen den Bergen und der Seite der Schlucht. Am Ende sahen sie plötzlich eine Menge Wasser auf sich zukommen und nur zwei oder drei konnten ihr Leben retten. So etwas geschieht immer wieder.

Unser Herr sagt: wenn die Zeit der Trübsal kommt, betet, so dass die Zeit der Trübsal nicht in die Winterzeit fällt, wenn ein plötzliches Gewitter auftreten kann, das jeden Fluchtweg abschneidet; besonders für jene von euch, die kleine Kinder haben. Er leitet diese Worte ein mit: „Wehe denen, die in jenen Tagen Kinder säugen oder schwanger sind." Er sagt ihnen auch, dass sie zu den Bergen fliehen sollen. In Israel kann es nachts sehr kalt werden, obwohl die Temperaturen im Sommer sehr hoch werden können; und wenn Leute plötzlich fliehen sollen und nicht ins Haus gehen um einen Mantel zu holen, so können sie leicht sterben, da sie dem kalten Wetter ausgesetzt sind. Erinnere Dich, dass er sagte, auch nicht zurückzugehen, um wenigstens einen Mantel oder irgend etwas von Deinem Besitz zu holen. Gehe aus ohne zu zögern (Mt 24,17-18).

Er mahnt uns zu beten, dass es nicht an einem Sabbat ist, weil Jerusalem sehr starke Mauern hat (die Altstadt noch heute) und in jenen Tagen wurden die Tore am Freitag eine Stunde vor Sonnenuntergang geschlossen und nicht geöffnet bis eine Stunde nach Sonnenuntergang am Samstag. Es gab absolut keine Möglichkeit, aus der Stadt zu kommen; so sagte der Herr ihnen, dass sie beten sollten, damit die Not nicht an einem Sabbat über sie komme. Es gab auch keine Transportmittel. Das ist die technische Seite von dem, was unser Herr meinte. Der Herr meinte nicht, dass sie warten sollten mit dem Beten auf die Zeit, in der sie fliehen sollen.

Mt 24,16-20: *„... alsdann fliehe auf die Berge, wer in Judäa ist; und wer auf dem Dach ist, der steige nicht hinunter, etwas aus seinem Hause zu holen; und wer auf dem Feld ist, der kehre nicht zurück, seinen Mantel zu holen. Weh aber den Schwangeren und den Stillenden zu jener Zeit! Bittet aber, dass eure Flucht nicht geschehe im Winter oder am Sabbat. Denn es wird dann eine große Bedrängnis sein, wie sie nicht gewesen ist vom Anfang der Welt bis jetzt und auch nicht wieder werden wird.“*

Er meinte nicht, dass wir zu jenem Zeitpunkt beginnen sollten mit Beten. Er meinte hinsichtlich alles dessen: bete, damit diese Zeit der Not nicht im Winter oder am Sabbat über Dich komme; damit Deine Flucht nicht in den Winter oder auf einen Sabbat fallen möge. Er meinte sicherlich, dass wenn Du diese Zeit aufkommen siehst, Du besonders um dieses zu beten beginnen sollst.

Diese Verse hatten ihre erste Erfüllung in der Belagerungszeit Jerusalems im Jahre 66 a.D. bis 70 a.D., welche mit der Zerstörung des Tempels und der Zerstreuung des jüdischen Volkes in alle Welt endete. Es ist interessant, die detaillierte Vorhersage zu erkennen und auch den Rat, den unser Herr gibt; und besonders die Version von Lukas:

Lk 21,20: *„Wenn ihr aber sehen werdet, dass Jerusalem von einem Heer belagert wird, dann erkennt, dass seine Verwüstung nahe herbeigekommen ist.“*

Er sagte hier nicht „Ende der Verwüstung“. Er fürchtete sich nicht anstatt dessen die Worte zu gebrauchen: „Wenn ihr aber sehen werdet, dass Jerusalem von einem Heer belagert wird ...“. Das tatsächliche Ende der Verwüstung war buchstäblich der Banner von Titus, welcher auf dem ehernen Altar des Tempels aufgerichtet wurde. Wenn wir zurückgehen zum „Ende der Verwüstung“, wovon Daniel erzählte, war es die Statue von Zeus oder Jupiter, die durch Antiochus IV, einem wahren Antichristen, auf dem ehernen Altar aufgerichtet wurde. Titus machte das gleiche, indem er den Banner des Heeres, der den römischen und griechischen Göttern gewidmet war, auf dem ehernen Altar aufrichtete. Das ist die technische Seite von dem „Ende der Verwüstung“.

Lukas fürchtete sich nicht, in dieser Version zu sagen: „Doch wenn ihr sehen werdet, dass Jerusalem von einem Heer belagert wird ...“. Mit anderen Worten: warte nicht, bis Du die technische Seite von dem Ende der Verwüstung tatsächlich siehst, wie sie auf dem ehernen Altar abläuft. Wenn Du Jerusalem von einem Heer belagert siehst, dann wisse, dass dies im Prinzip schon das Ende der Verwüstung ist. Es gibt jedoch in den Versen von Matthäus, Markus und auch Lukas genug Hinweise, die uns bemerken lassen, dass es noch eine vollständige Erfüllung dieser Prophezeiungen geben wird. Aber ich werde nicht auf dieses Thema eingehen, weil ich denke, dass es für unser Studium nicht wirklich wichtig ist.

„Und wenn diese Tage nicht verkürzt würden, so würde kein Mensch gerettet werden: aber um der Auserwählten Willen werden diese Tage verkürzt werden.“ (Mt 24,22) Wir können nicht sagen, dass diese Stelle sich bezieht auf die historische Zerstörung Jerusalems, des Tempels und die

Zerstreuung des jüdischen Volkes. Sie muss auf eine erschöpfendere Erfüllung warten.

Mt 24,27: *„Denn wie der Blitz ausgeht vom Osten und leuchtet bis zum Westen, so wird auch das Kommen des Menschensohnes sein."*

Zu diesem Zeitpunkt kommt der Menschensohn nicht. Doch unser Herr erzählt, was Er hier zu Seinem Kommen zu sagen hat: „Wo der Leichnam liegt, werden sich die Geier versammeln"; damit meint er, dass irgendwelche schönen, unwiderstehlichen, anziehenden Kräfte alle wirklich Gläubigen zu sich ziehen, die bereit sind und auf den Herrn warten, wenn Er kommt.

„Sogleich aber nach Bedrängnis jener Zeit wird die Sonne sich verfinstern und der Mond seinen Schein verlieren, und die Sterne werden vom Himmel fallen, und Kräfte der Himmel werden ins Wanken kommen. Und dann wird erscheinen das Zeichen des Menschensohns am Himmel. Und dann werden wehklagen alle Geschlechter auf Erden und werden sehen den Menschensohn kommen auf den Wolken des Himmels mit großer Kraft und Herrlichkeit.

Mt 24,29-31: *Und er wird seine Engel senden mit hellen Posaunen, und sie werden seine Auserwählten sammeln von den vier Winden, von einem Ende des Himmels bis zum anderen."*

Es gibt in diesen Versen genug Hinweise, die uns ahnen lassen, dass wir hier eine von diesen erstaunlichen Prophezeiungen und Vorhersagen haben, welche mehr als eine Erfüllung finden können. So etwas haben wir natürlich auch im Alten Testament. Eine gewisse Anzahl von Prophezeiungen wurden in der Rückkehr von Babylon teilweise erfüllt, aber sie sind in unseren Tagen noch erschöpfender erfüllt worden. Somit haben wir hier ein weiteres Beispiel von dieser Art Prophezeiung. Einer der Gründe, warum ich persönlich an die Inspiration und Autorität des Wortes Gottes glaube ist, dass der Heilige Geist das Wort in der Weise vorbrachte, dass es zu zwei oder drei Ereignissen passt und dabei wirklich legitim ausgelegt ist und dennoch gibt es noch eine erschöpfendere Auslegung. Anders gesprochen: wenn es einmal eine Erfüllung der Worte unseres Herrn gegeben hat, so ist es doch klar, dass noch eine weitere und abschließende Erfüllung dieser Worte kommen wird.

Es gibt einen klar ausgedrückten Rat und Anweisungen von dem Herrn für jene, die in der Schlußphase dabei sein werden. Er gibt ihnen einen besonderen Rat - vor allem denen, die in Jerusalem wohnen oder in der Umgebung - zu fliehen auf die Berge von Judäa; zu beten, dass es nicht im Winter sein wird und auch nicht am Sabbat. Es gibt für uns alle, außer diesem klar ausgedrückten Rat, auch noch eine Lektion.

Obwohl unser Herr alle Dinge zuvor bereitet nach Seinem eigenen Rat und Willen, und obwohl alle Ereignisse des Endes vollständig in Seiner Souveränität liegen, so entdecken wir, dass die Jahreszeit oder der Tag wechseln oder sich ändern kann. Hast Du das verstanden? Viele Leute glauben, dass der Herr die Dinge so tief ausgearbeitet hat, dass nicht einmal ein Gebet etwas daran ändern kann. Sie würden nicht im Traum beten: „Herr, würdest Du dieses Ereignis bitte ändern, so dass es nicht am Sabbat oder im Winter geschieht?" Anders gesagt können der Tag der Woche geändert und die Jahreszeit geändert werden. Der Herr nimmt es uns nicht übel, wenn Er uns lehrt, in solcher Weise zu beten. Als Antwort auf ein gläubiges, tiefes Gebet kann unsere Flucht verschoben werden auf einen günstigeren Tag und auf eine günstigere Jahreszeit.

Welch ein Fenster wird uns dadurch geöffnet im Verständnis der Souveränität des Herrn im Vergleich zu jenen eisernen Kastensystemen, die entweder den einen oder den anderen Weg gehen. Man sagt, dass der Herr über alles bis ins letzte Detail regiert und dass dies durch nichts geändert werden kann, dass Er Tag und Jahreszeit festgesetzt hat. Andere sagen einfach: „Gott folgt einfach dem Menschen; jedoch laufen die Dinge wie Er fügt, dazu anpasst und Er gebraucht." Es scheint mir hier so, als ob wir etwas sehen von der Souveränität des Herrn. Wir wissen natürlich, dass der Herr über allem steht. Wir wissen, dass der Herr das Böse so gebraucht, wie es zur Erfüllung Seines Ratschlusses dient. Wir wissen, dass auch das kleinste „vorherbestimmt ist gemäß dem Rat Seines Willens." Die Vorhersagen werden sich genau so erfüllen, wie es prophezeit ist, aber die Details können geändert werden innerhalb des ganzen Rahmens als Antwort auf das Gebet eines Gläubigen. Ich hätte nie gedacht, dass wir zum Herrn beten können, es solle nicht an einem bestimmten Tag oder einer bestimmten Jahreszeit sein inmitten der Schlußphase der Not und der Trübsal, und Er wird uns hören und alles verschieben. Ich denke, der Herr wird uns nicht böse sein, wenn Er sagt: „... und betet, dass eure Flucht weder im Winter noch an einem Sabbat sein wird."

Außerdem gibt es eine richtige Zeit für die Flucht. Beachte dies sorgsam. Es mag jetzt vielleicht nicht viel für Dich bedeuten, aber es kommt vielleicht ein Tag, wenn es für Dich alles bedeutsam wird. Wenn die Belagerung Jerusalems einmal voll im Gange sein wird, ist es egal, ob Sommer oder Winter, Wochentag oder Sabbat; niemand kann entkommen. Und tatsächlich wissen wir aus der Geschichte, dass nach den ersten Monaten des Jahres 66 a.D. Titus die Stadt umlagerte und niemandem erlaubte, ein- oder auszugehen in solch strengem Befehl, dass sie ihre eigenen Kinder fraßen. Der jüdische Historiker Josephus gibt uns eine lebhafte Beschreibung dieser letzten Tage Jerusalems.

Deswegen ist es nicht gut, zwei oder drei Jahre zu warten mit der Bitte: „Oh Herr, wir möchten nicht, dass unsere Flucht an einem Sabbat oder im Winter sei." Der Punkt ist, dass es eine richtige Zeit für die Flucht gibt und darum dürfen wir geistlich nicht schlafen.

Lk 21,36: *„So seid allezeit wach und betet, dass ihr stark werdet, zu entfliehen diesem allen, was geschehen soll und zu stehen vor dem Menschensohn."*

Genau hier müssen wir für den Herrn lebendig sein und wachen. In jenen Tagen wird solch ein Druck in der Luft liegen, dass alles um uns herum schläfrig macht. Wenn wir nicht innere Reserven finden und lebendig und wach sind in der ganzen Situation voll bösen Strebens, werden wir langsam in eine Art Schlaf fallen wie der Rest der Welt; und es wird über uns kommen wie eine Falle. Plötzlich wird sie über uns zuschnappen. Daher müssen wir wach und wachsam sein.

Vielleicht sind wir heute noch nicht in der Schlußphase und was ich sonst gesagt habe, das sage ich vor allem zu den jüngeren Brüdern und Schwestern. Wenn Ihr bis zu einem normalen Alter leben werdet, werdet Ihr ohne Zweifel diese Dinge kommen sehen. Mein Anliegen ist zu diesen Studien, was auch immer mir oder anderen geschieht, dass die gesagten Worte in unser Herz und Verstand geschrieben sein werden und sie werden Dir wieder ins Gedächtnis kommen zur rechten Zeit, wenn es vielleicht keine Kirchenversammlungen oder Möglichkeiten des Zusammenseins geben wird. Etwas wird Dir wieder ins Gedächtnis kommen durch den Hl. Geist, das für Dich die Rettung und Verschonung Deines physischen Lebens sein wird, Dein Überleben bis zum Kommen des Herrn. Oder vielleicht wird es Dich vor einem geistigen Zusammenbruch bewahren, physisch oder geistig, weil Du Dich daran erinnern wirst: „Jetzt erinnere ich mich daran, dass dies in meinem Herzen das Wort des Herrn ist. Es ist mir jetzt wieder gekommen. Der Herr sagte dies und dies und das." Deswegen ist es unser Anliegen, diese Dinge weiterzugeben. Auch wenn wir jetzt noch nicht in der Schlußphase sind, wird es viele Ereignisse geben, die dort hinführen werden und in denen wir lernen können, in dieser besonderen Weise zu beten. Angenommen, manche von uns werden im Gog-und-Magog-Krieg gefangen genommen; von dem ich glaube, dass er vor dieser Zeit stattfinden wird. Wenn es so wäre, ist es dann im Prinzip nicht wahr, dass obwohl der Gog-und-Magog-Krieg kommen muss, der Herr einzelne Details als Antwort auf Gebet ändern kann? Gibt es nicht viele andere Ereignisse, von welchen wir diese einfache Lektion lernen können, dass sich Details ändern können, obwohl alles durch die Souveränität Gottes vorherbestimmt ist, als Antwort auf das Gebet eines Gläubigen? Was für eine Lektion ist das für uns! Wenn sie Dich an einem Ort verfolgen, dann flüchte.

Mt 10,23: *„Wenn sie euch aber in einer Stadt verfolgen, so flieht in eine andere. Wahrlich, ich sage euch: Ihr werdet mit den Städten Israels nicht zu Ende kommen, bis der Menschensohn kommt."*

Mt 24,16: *„... alsdann fliehe auf die Berge, wer in Judäa ist; ..."*

Mt 24,20: *„Bittet aber, dass eure Flucht nicht geschehe im Winter oder am Sabbat."*

Der Herr gibt Seinen Jüngern praktischen Rat, was zu tun ist, wenn die Dinge für sie unerträglich werden in einer Stadt oder einer Gegend wegen Verfolgung. Er sagt, sie sollen in die nächste flüchten. Wir sollten darin vorsichtig sein, geistlicher zu sein wie unser Herr. Du kennst diese Art von Geistlichkeit. Es läßt sich leicht sagen: „Ich werde bleiben trotz Wind und Wetter." Unser Herr sagte das nicht. Er sagte: „Wenn sie Dich an einem Platz oder in einer Gegend verfolgen, dann fliehe zur nächsten." Denke nicht es wäre geistlich ratsam, sich unbedingt auf seine Gewehre zu verlassen, wenn doch unser Herr sagte: wenn sie Dich verfolgen an einem Platz, dann fliehe zum nächsten. Ich habe daran überhaupt keinen Zweifel, dass es Zeiten geben wird, in denen der Herr Seinen Knechten deutlich sagen wird, zu bleiben und nicht zu flüchten. Jedoch ist es interessant, dass die Betonung in Gottes Wort auf flüchten liegt und nicht auf bleiben. Natürlich handelt es sich hier wieder um die Schlußphase, aber dazu gibt es für uns noch viele Lektionen. Sicherlich verstand die Kirche am Anfang diese Dinge deutlich. Als die Kirche bald nach ihrem Beginn von schlimmen Verfolgungen in Jerusalem heimgesucht wurde, zerstreuten sich die Gläubigen durch Judäa und Samaria. Das Ergebnis war ein gewaltiges Anwachsen.

Apg 8,1+4: *„Es erhob sich aber an diesem Tag eine große Verfolgung über die Gemeinde in Jerusalem; da zerstreuten sich alle in die Länder Judäa und Samarien, außer den Aposteln.... Die nun zerstreut worden waren, zogen umher und predigten das Wort."*

Als Ergebnis dieser Bewegungen und des Predigens des Wortes war, dass auf die wunderbarsten Weisen überall Kirchen gegründet wurden. Im Jahre

66 a.D. flüchtete die ganze Kirche in Jerusalem über den Jordan und überlebte das Massaker und die Zerstörung Jerusalems im Jahre 70 a.D. Es ist wertvoll, sich dieser Erfahrungen der Kirche am Anfang in dieser Sache zu erinnern. Sie fürchteten sich nicht zu fliehen. Es ist natürlich nur eine technische Frage, aber es erscheint so, als ob es die griechischen Gläubigen gewesen sind, die zerstreut wurden und nicht die hebräischen Gläubigen, weil es heißt, dass die herkömmlichen Juden zu dieser Zeit in zwei Lager geteilt waren. Es gab die hellenistischen Juden und die Palästina-Juden oder Israel-Juden; und die griechischen Juden, die die griechisch sprechenden Juden der Zerstreuung waren. Hebräische Juden sprachen hebräisch und waren konservativer und Traditionalisten. Die griechischen Juden sprachen griechisch und fürchteten sich nicht, die griechische Übersetzung des Alten Testaments zu verwenden; und sie schauten erstaunenswert auf die Zukunft.

Stephan war ein Hellenist, und obwohl Paulus Hebräer war aus den Hebräern, ist er doch in einer hellenistischen Gemeinschaft aufgewachsen. Interessant ist, dass gerade über Stephan Streit entstand, als zum ersten Mal die Verfolgung über Jerusalems Kirche kam. Deswegen wurden gerade die hellenistischen Gläubigen nach überall hin zerstreut. Das ist nur eine technische Angelegenheit. Die Lektion ist aber die gleiche - sie fürchteten sich nicht zu fliehen. Als die Verfolgung aufbrach, sind sie nicht einfach geblieben, sie flüchteten.

In dieser Angelegenheit gibt es so vieles zu lernen. Es ist auch interessant, welche Erfahrungen unsere Brüder in China machten. Sogar zur Zeit des Beginns des Zweiten Weltkrieges war es den Brüdern in Shanghai klar, dass der Kommunismus am Ende China gewinnen würde. Sie hatten unter ihm schon im Norden Chinas gelitten, und einige von ihnen, darunter Bruder Lee, litten sehr in kommunistischer Hand durch Foltermethoden mit Wasser und anderem. Er widersetzte sich seit dem jedes Mal etwas zu glauben, das Kommunisten sagten. Die Kirche flehte in jenen Tagen zum Herrn was zu tun sei und es gab zwei oder drei Dinge, die sie unternahmen. Als erstes machten sie drei Kopien all ihrer Predigten. Eine Kopie behielten sie in Shanghai, eine in Hangchow und eine Kopie sendeten sie nach Hong Kong. Als die Japaner kamen, wurden keine Manuskripte zerstört. Dann schien es, als wäre jede Gefahr des Krieges vorbei. Als die Kommunisten 1949 kamen, zerstörten sie alle Manuskripte in Shanghai und alle Manuskripte in Hangchow, aber die Manuskripte in Hong Kong wurden die Quelle allen schriftlichen Materials von Watchman Nee´s Predigten. Diese Predigten sind um die ganze Welt gegangen. Ist es nicht erstaunlich, dass diese Männer es zuvor erkannt haben, all dies zu sammeln? Sie wussten durch den Geist Gottes, dass Probleme im Kommen waren.

Zum Thema Kommunismus kamen sie zusammen und machten Vorbereitungen. Ich habe meine eigenen Ansichten darüber, warum Watchman Nee blieb. Diese Ansicht wird wohl richtig sein, aber ich möchte damit warten bis wir ihn eines Tages sprechen und die Wahrheit zu diesem Thema vor uns sehen. Doch diese Brüder schlossen sich zusammen und es kam die Frage auf, ob sie alle gehen würden und wenn nicht, wer denn geht. Das Ergebnis war, dass sie unter sich entschieden; manche Brüder sollten gehen zur rechten Zeit und andere würden bleiben. Unser Bruder Stephen Kaung war einer von denen, die zu Watchman Nee sehr nahe waren. Tatsächlich war er wie Timotheus für ihn; aber es war Bruder Nee, der ihn dazu brachte, in das letzte Flugzeug zu steigen, das das kommunistische Shanghai verließ. Später änderte Bruder Nee seine Meinung, was interessant ist, weil es zeigt, wie menschlich wir alle sind. In den folgenden zwei Jahren gab es gewaltige Treffen im Freien und die Kommunisten räumten die ganze Stadt auf, um Korruption und Pornographie loszuwerden. In östlichen und nationalen Regierungen gab es keine Korruption. Es sah alles wunderbar aus! Soweit das Evangelium betroffen war, so wurde ihnen von den Kommunisten eigentlich geholfen, um große Open-Air-Treffen zu veranstalten. Dann wurde Bruder Nee erlaubt, nach Hong Kong zu gehen. Er sprach mit Bruder Stephen und anderen, zurückzukehren. Doch Bruder Lee, der so schlechte Erfahrungen in den Händen der Kommunisten machte, verbot Stephen zurückzukehren und rettete ihm so das Leben. Ohne Zweifel ist alles unter den Händen des Herrn geschehen. Interessant ist die Erfahrung des Betens zu dieser Sache, weil sie davon nicht überrascht wurden. Sie waren dafür vorbereitet, was zu tun wäre. Und es ist gut für uns, ob wir nun in der Schlußphase oder in den Ereignissen davon liegen, dass wir dieses Wort Gottes uns vor Augen halten und darüber nachdenken, was der Herr uns sagt zu tun.

Hier gibt es noch einen weiteren Punkt. Ich möchte in keiner Weise respektlos sein, aber es gibt eine Menge von Euch Älteren, die nie etwas mit Kommunismus zu tun hatten. Sie werden Euch in Frieden versammeln lassen, weil sie glauben, ihr sterbt irgendwann weg. Ihr Jüngeren habt eine schwierige Zeit, wenn so etwas überhaupt geschehen wird. Doch diejenigen, die im Werke des Herrn eine Verantwortung tragen, sind gezeichnete Leute. Es mag uns für eine gewisse Zeit gewährt sein, aber innerhalb weniger Jahre werden wir weggefegt wie die Kambodschaner im Vietnam. Alle Gläubigen mit Verantwortung im Werk des Herrn, ob katholisch oder protestantisch, werden festgenommen und systematisch niedergemacht. Das ist der Weg der Dinge. Deswegen müssen wir uns damit auseinandersetzen hinsichtlich dem, was wir tun sollen. Wenn der Herr Dich klar anweist zu bleiben, dann musst Du bleiben.

Wir müssen die Tatsache akzeptieren, dass das Hauptproblem während der Flucht die ganzen Familienverbindungen und -besitztümer sind. Jüdische Erfahrungen geben reichlich Beispiele dafür, dass die meisten nicht flüchteten wegen Geschäftsverbindungen, materiellen Besitztümern und vor allem wegen dem jüdischen Familienleben. Die Menschen konnten nicht einfach aufstehen und gehen. Wir haben das ganze Thema, sich nicht an materielle Besitztümer zu hängen und das Thema Ehe in der Endzeit schon besprochen und was wir tun, wenn wir Familie haben; aber Du musst Dich mit diesem Problem auseinandersetzen. Natürlich hängt es vom Charakter ab. Für manche Menschen werden die Besitztümer vielleicht ein größeres Problem sein als die Familie. Aber die gesamte Geschichte zeigt uns, was in ihr geschah und deswegen müssen wir sehr, sehr klar und wirklichkeitsnah zu diesem Thema vorgehen.

Vor feindselige Autoritäten gestellt.

Du wirst Dich fragen, welche Zeitverschwendung es ist, über dieses Thema zu reden: vor feindselige Autoritäten gestellt zu werden. Doch mag es für manchen hier in den noch kommenden Jahren die Rettung sein; wenn nicht in diesem Lande, dann in anderen Teilen der Welt. Deswegen möchte ich darauf eingehen.

Lk 21,12-15: *„Aber vor diesem allen werden sie Hand an euch legen und euch verfolgen und werden euch überantworten den Synagogen und Gefängnissen und euch vor Könige und Statthalter führen um meines Namens willen. Das wird euch widerfahren zu einem Zeugnis. So nehmt nun zu Herzen, dass ihr euch nicht vorher sorgt, wie ihr euch verantworten sollt. Denn ich will euch Mund und Weisheit geben, der alle eure Gegner nicht widerstehen noch widersprechen können."*

Mt 10,19-20: *„Wenn sie euch nun überantworten werden, so sorgt nicht, wie oder was ihr reden sollt; denn es soll euch zu der Stunde gegeben werden, was ihr reden sollt. Denn nicht ihr seid es, die da reden, sondern eures Vaters Geist ist es, der durch euch redet."*

Mk 13,9-11: *„Ihr aber seht euch vor! Denn sie werden euch den Gerichten überantworten, und in den Synagogen werdet ihr gegeißelt werden, und vor Statthalter und Könige werdet ihr geführt werden um meinetwillen, ihnen zum Zeugnis. Und das Evangelium muss zuvor gepredigt werden unter allen Völkern. Wenn sie euch nun hinführen und überantworten werden, so sorgt euch nicht vorher, was ihr reden sollt; Denn ihr seid's nicht, die da reden, sondern der Heilige Geist."*

Eine der größten Ängste, die Du und ich haben können, besonders wenn wir uns dem Herrn und Seinem Zeugnis hingeben, ist die Möglichkeit, Ihn zu verleugnen oder Kompromisse einzugehen, wenn es zur letzten Prüfung kommt. Ich weiß nicht, ob Du solch eine Furcht in Deinem Herzen hast. Ich denke, dass viele Menschen sich nur davor fürchten verletzt zu werden. Das ist das untere Furcht-Niveau des Angst-Habens, der Unsicherheit oder was sonst geschehen könnte. Doch denke ich, dass alle diejenigen, die sich normalerweise vor nichts fürchten, eine tiefsitzende Angst in sich tragen, die in der letzten Prüfung dazu führt, dass sie vom Herrn ablassen; so dass sie Kompromisse eingehen würden, wenn sie eine Gehirnwäsche hinter sich haben. Das ist eine innere, tiefe Furcht, die wir manchmal unterdrücken und nicht ans Licht kommen lassen, welche aber nichtsdestoweniger da ist. Die Worte des Herrn sind daher gefüllt mit Ermutigung und Trost. Sie haben uns die genaue Begründung unserer Erlösung von ängstlicher Furcht und Sorge zu diesem allen gegeben. Welch wundervolle Worte findest Du, wenn Du genau darauf achtest.

„Das wird euch widerfahren zu einem Zeugnis." (Lk 21,13) Welch wundervolle Worte! Wir haben ein bestimmtes Versprechen vom Herrn, dass wir mit dem Hingestellt-Werden vor feindseligen Autoritäten zu tun haben werden, widergöttliche und antichristliche Autoritäten. Weit entfernt davon, den Herrn zu verleugnen: „Das wird euch widerfahren zu einem Zeugnis." Lobe den Herrn! Es heißt nicht, dass der Herr es schon regeln wird und daraus ein Zeugnis machen wird, denn wenn Du fällst, wie auch immer, wird Er Dich schon durchziehen; aber „das wird euch widerfahren zu einem Zeugnis." Der Herr wird Dich gebrauchen. Wunderbar! Der Herr wird solche Zeiten dazu verwenden, Seinen Ratschluss zu erfüllen. Wie hart die Prüfung auch wird, der Herr kann sie und Dich verwenden und das ganze zur Ehre umkehren.

„So nehmet euch nun zu Herzen, dass ihr euch nicht vorher sorgt, wie ihr euch verantworten sollt." (Lk 21,14) Ist der Herr nicht wunderbar? Er sagt uns, dass nichts davon in Deinen Kopf gelangen soll. Sitze eines Tages nicht in einer Zelle um Dir Gedanken zu machen: „Wenn sie das fragen, werde ich so antworten; wenn sie fragen werden, wie soll ich antworten? Angenommen, ich verleugne den Herrn. Wie werde ich es tun? Was soll ich sagen? Ich werde Punkt eins überlegen, dann Punkt zwei, Punkt drei ...". „Mache Dich nicht im Vorfeld verrückt." sagt der Herr. „Denke nicht darüber nach, was Du sagen sollst." Das ist für mich ein wunderbares Wort des Herrn. Begib Dich nicht in einen Zustand von Sorgen und Ungewissheit, um darüber nachzudenken, was Du sagen sollst. Du sagst vielleicht, dass dies ganz schön weit hergeholt ist und keinen Bezug zur Wirklichkeit hat, aber in vielleicht zwanzig Jahren wird es für manchen von Euch eine schreckliche Wirklichkeit sein. Dann werden Dir diese Worte in Deinen Kopf zurückkehren, wenn Du vor feindselige Autoritäten gestellt wirst und Du verwirrt und nervös gemacht bist und der Feind Dir panische Angst einflößen will. Denke vorher nicht darüber nach, was Du sagen wirst.

Mt 10,19: *„Wenn sie euch nun überantworten werden, so sorgt nicht, wie oder was ihr reden sollt; denn es soll euch zu der Stunde gegeben werden, was ihr reden sollt."*

Sind nicht das Wie und Was die beiden Hauptsorgen? Einige von uns haben die Gabe eines flotten Mundwerks. Diejenigen mit einem flotten Mundwerk und somit leicht etwas sagen können, sorgen sich nicht darum, was sie sagen sollen. Wir machen uns über das Wie Sorgen; ob da eine Autorität sein wird, ob da Klarheit sein wird, ob da Einfluss auf uns sein wird, ob wir diese ganze Atmosphäre eines feindseligen Gerichtes überstehen werden können.

Jedes Mal, wenn in Russland ein Gläubiger beschuldigt wird, steht das gesamte Gericht vom Richter bis zur Jury auf und klatscht. Deswegen sagten zwei russische Jungen in einer Bibelschule in Wales, dass sie es in charismatischen Versammlungen nicht ertragen können, wenn alle aufstehen und klatschen. Sie verbanden dies mit dem Vorgang im Gericht gegen Gläubige in Russland. Wir denken: „Wie werde ich das aushalten? Werde ich in der Lage sein, zu Autoritäten zu sprechen? Werde ich einer klaren Sprache reden können? Wird mein Geist, nach all dem, was sie mir angetan haben werden, noch klar genug sein?

„Sorge Dich nicht, wie oder was Du reden sollst." (Mt 10,19) Wie voller Gnade sind diese Worte! Der Herr hat sich das alles ausgedacht, und es ist wunderschön, solches zu sehen. Lege Dir dieses ins Herz, nicht in Voraus-

überlegung zu fallen, sondern vertraue nur dem Herrn. Vielleicht wirst Du sagen: „Aber ich kann nicht; wie kann ich dem Herrn vertrauen?" Vor einigen Jahren lasen wir im ´Leidensspiegel`, einem Buch von 1570 oder 1580. Wir hatten nur noch das letzte Viertel der alphabetisch aufgezählten Leidensbrüder zu lesen, die unter der blutigen Königin Mary starben; doch mussten wir schon lachen über manches, was diese Leute den Richtern sagten, zu dem Magistraten und Bischöfen, bevor sie starben. Es gab nur eine Erklärung. Weisheit kam über sie in der Weise, wie sie sie vorher nicht besessen hatten. Lege es Dir also ins Herz, nicht in vorausahnendes Überlegen zu fallen. Schlafe wie ein Baby. Nimm dies alles heraus aus Deinem Kopf.

„Wenn sie euch nun überantworten werden, so sorgt nicht, wie oder was ihr reden sollt; denn es soll euch zu der Stunde gegeben werden, was ihr reden sollt." (Mt 10,19) Nicht einmal ein paar Stunden vorher, sondern in der Stunde wird Dir gegeben, was Du reden sollst. Beachte sorgfältig diese drei Punkte: 1. wWs Du reden sollst; 2. Es wird Dir gegeben, .d.h. Du wirst es nicht aufarbeiten; 3. in jener Stunde. Was für ein gewaltiges Versprechen!

„Denn nicht Ihr seid es die da reden, sondern eures Vaters Geist ist es, der durch euch redet." (Mt 10,20) Das ist gewiss das höchste Versprechen von allen. Wenn der Geist des Vaters nie zuvor in Dir gesprochen hat, so wird es in dieser Zeit sein. Wenn Du ihm ausschließlich vertraust und ihn in diesem Punkt folgst, wirst Du den Geist bemerken, wie Er durch Dich spricht. Wie gnädig ist doch der Herr, uns solch ein Versprechen zu geben, und wie tief müssen wir dies für die Zukunft in unser Herz legen. Viele könnten in kommenden Jahren durch dieses Versprechen vor einem Versagen errettet werden. Der Geist wird durch mich reden in der Stunde, in der ich etwas sagen muss.

„Denn ich will Euch Mund und Weisheit geben, der alle eure Gegner nicht widerstehen noch widersprechen können." (Lk 21,15) Wenn der Heilige Geist in uns redet, können wir dieses Wort verstehen. Interessant, dass wir eine Erfüllung davon bei Stephanus finden, als er vor feindselige Autoritäten gestellt und gesteinigt wurde. Und wenn ich an manches denke, das Paulus

vor feindseligen Autoritäten sagte: es ist erstaunlich. König Agrippa sagte einmal: „Paulus, fast würdest du mich überreden, ein Christ zu werden.“ In jenem Moment wurde es Paulus gegeben, was er zu ihm sagen soll.

Manchmal sind diese Worte als ein allgemeingültiges Prinzip verwendet worden von Menschen, die im Dienste Gottes stehen. In irgendeiner Weise meinen sie wohl, dass das Stehen vor einer Gemeinde das gleiche ist wie das Gestellt-werden vor feindselige Autoritäten. So gibt es auch die Vorstellung unter einigen Brüdern, dass man gar nichts tun muss, um den Herrn zu suchen oder um ein Wort vom Herrn zu bekommen oder dass man nichts studieren muss. Man steht auf und wunderbare Worte werden einem gegeben. Na ja, so etwas habe ich schon gesehen, und es ist wunderbar, wenn Menschen manchmal tatsächlich unter der Eingebung des Geistes Gottes reden und vorher hatten sie keinerlei Ahnung. Es hat Zeiten gegeben in denen ich Aufstand ohne einen klaren Gedanken im Kopf bis kurz bevor ich sprechen musste, und manchmal zu einer recht großen Gemeinde; aber das ist Gott sei Dank die Ausnahme. Es hat Zeiten gegeben in denen ich dachte, dass ich das Empfangene weitergeben sollte und kurz davor wusste ich, dass das nicht das richtige Wort für diese Zeit war. Dann stand ich in einem vollständigen Vakuum. Aber das ist etwas anderes. Es ist dumm zu denken, dass man in des Herrn Werk hineintanzen kann, den Mund öffnet und dem Herrn darin vertraut, dass er schon etwas eingeben würde. Eine schreckliche Gleichgültigkeit kommt ins Amt und ein sehr armseliges Niveau. Du kannst so niemals vom Herrn gebraucht werden, wenn Du nicht sehr hart im Bibelstudium arbeitest. Wenn viele Worte der Bibel in Deinem Herzen sind, kann der Herr Dir einfach ein Wort ins Herz geben und in Deinen Geist. Aber verstehe das nicht falsch.

Wenn wir uns in solchen Umständen und Situationen befinden, können wir auch eine ganz besondere Gnade erfahren, die uns der Herr selbst gewährt. Wenn Du eines Tages in so besondere Situationen kommst wie vor feindselige Autoritäten gestellt zu werden, wirst Du auch eine besondere Gabe erfahren. Preis den Herrn! Du wirst eine Erfahrung haben in der Gegenwart des Herrn zu gehen wie andere sie nie gehabt haben. Und Leute werden sagen: „Du warst wundervoll.“ Du weißt ganz genau, dass es der Herr war.

Siehe auf und erhebe Dein Haupt

Lk 21, 9: *„Wenn ihr aber hören werdet von Kriegen und Aufruhr, so entsetzt euch nicht. Denn das muss zuvor geschehen; aber das Ende ist noch nicht so bald da.“*

Wegrennen vor unseren Ängsten oder unseren Kopf in geistlichen Sand stecken ist kein Gegenmittel für Furcht. Sich verwickeln in einer Art christlicher Flucht wird nicht helfen; die Prüfung kommt und offenbart uns. Die einzige Antwort ist, unsere Furcht jetzt ganz offenzulegen; stelle Dir vor Augen, was der Grund für Deine Furcht ist. Wenn wir wenigstens das tun würden, würden wir erkennen, dass die Fangarme unserer Furcht zur Hälfte weggenommen würden. Das ist nicht: einfach sich der Furcht stellen, welche nur das Symptom ist; sondern das ist: sich dem stellen, was die Ursache dafür ist. Das ist die Wurzel. In der Zeit, in der wir über uns selbst verfügen, würde es eine große Erleichterung sein, wenn wir damit beginnen uns zu vergegenwärtigen, was die ursächlichen Wurzeln für diese Ängste sind. Jedoch ist ein derartiges Bewusstsein für die Wirklichkeit nur die halbe Antwort.

Der Herr sagte uns deutlich, dass wenn wir diese Dinge zu beginnen sehen, wir aufsehen und unsere Häupter erheben sollen. Er beschreibt die Zukunft für die wahren Gläubigen in vier erhebenden Worten: „Eure Erlösung rückt näher!“ Er sagte nicht: „Euer schlimmes Martyrium rückt näher, oder schreckliche Trübsal kommt über Dich, oder furchtbare Verfolgung rückt näher, oder der Abfall von vielen kommt nun.“ Er sagte: „Eure Erlösung rückt näher.“ Wenn Er gesagt hätte: „furchtbare Verfolgung“, würde Er nicht falsch liegen; wenn Er gesagt hätte: „der Abfall von vielen kommt nun und die Liebe wird in vielen erkalten und Glaube kehrt sich um in Zynismus“, würde Er nicht falsch liegen. Aber unser Herr erwähnte nie so etwas. Er schaute durch all dies hindurch und sagte: „Eure Erlösung rückt näher.“

Wenn es keinen Ausweg gibt, wirst Du nicht mehr zurück gehen können; Du wirst auch keine Seitenwege gehen können; Du wirst nicht vorwärts gehen können; und Du wirst sicher nicht nach unten können; der einzige Weg zeigt nach oben. Deswegen sagt Er: „Schaue auf, erhebe Dein Haupt; Deine Erlösung rückt näher.“ Vom Himmel wird schließlich unsere Rettung erscheinen. Ist das nicht wunderbar? Es ist ein erhebender Gedanke! Er wird erscheinen und wir werden hinweggenommen, um bei Ihm zu sein. Wenn wir unsere Augen darauf richten, wird es uns wie eine gewaltige Ermutigung, weil es nämlich kein offenes Ende gibt, wenn einmal die letzte Zeitperiode begonnen hat. Es wird so nicht noch ein paar Jahrhunderte weitergehen. Wir wissen ganz genau, dass es ein Ende geben wird. Lobe den Herrn! Das heißt, wenn wir überleben, dann werden wir überleben bis zum Kommen des Herrn.

Welches ist das größte Wunder: dass wir selbst sterben und unser Körper zu Staub wird und wiederauferstehen zum Kommen des Herrn, ohne dass auch nur ein Haar auf unserem Kopf verloren ging, und dorthin zu gelangen vor denen, die noch leben; oder: die ganze Sache zu überleben und den Herrn von Angesicht zu Angesicht sehen, ohne zu sterben? Ich weiß nicht, welche Erfahrung ich vorziehen würde. Ich wollte schon immer ein bisschen ungewöhnlich sein; aber ich denke an all die anderen Heiligen, die sterben mussten. Es wäre schön zu den wenigen zu gehören, die es nicht müssten. Der springende Punkt ist, dass wir welche Erfahrung auch immer es dem Herrn anheimstellen sollen; doch beides wird gewaltig sein, und niemand wird tatsächlich einen anderen davon abhalten. Es wird alles auf einmal geschehen.

1.Tim. 4,16-17: *„Hab acht auf dich selbst und auf die Lehre; beharre in diesen Stücken! Denn wenn du das tust, wirst du dich selbst retten und die, die dich hören.“*

Wenn wir dieses Wort betrachten: „unsere Erlösung rückt näher“, würden manche Menschen sagen: „Aber warte, wir sind doch die Erlösten, oder nicht?". Natürlich sind wir die Erlösten. Es ist, wie einst die Schwester von der Heilsarmee mit Bischof Taylor Smith in der Kutsche saß und weil die Heilsarmee in jenen Tagen daher die Ansicht vertrat, dass Amtskirchenmitglieder sich nicht klar sind über ihre Bekehrung, versuchte sie Mut zu fassen, um den Bischof zu fragen, ob er gerettet sei. Schließlich tat sie es und sagte: „Herr Bischof, sind Sie gerettet?" Er schaute sie kurze Zeit an und sagte: „Was meinst Du? Bin ich gerettet worden, bin ich gerettet oder werde ich gerettet?" Das sind die drei Zeiten auf die Rettung angewandt. Wir sind gerettet worden, wir sind gerettet und wir werden gerettet werden. Genauso ist es mit der Erlösung. Wir sind die Erlösten des Herrn, aber wir werden noch erlöste Körper erhalten. Der Apostel Paulus preist den Herrn darin, wenn er sagt: „... die Verwandlung unserer Leiber..." Der, welcher noch jung ist, weiß nicht sehr viel über alte oder verfallene Leiber und all die Dinge, die einmal kommen, wenn das sechsundzwanzigste Lebensjahr einmal überschritten ist. Dann wirst Du langsam bemerken, dass diese Leiber vergänglich sind und der Leib beginnt, Dir etwas zu bedeuten.

In einer einzigen Sekunde werden unsere Leiber verwandelt werden. Ich weiß nicht, ob Du jemals ein Augenzwinkern gesehen hast. Vielleicht jeder, der verheiratet ist, hat irgendwann einmal ein Augenzwinkern gesehen. Wenn die Augen eines Menschen blinzeln, siehst Du es nicht stundenlang. Du sagst nicht: „Warte, ich werde meine Kamera holen und Dein Augenzwinkern fotografieren." Du kannst es nicht. Das Auge zwinkert und vorbei. So schnell!

1.Kor 15,52: *„... und das plötzlich, in einem Augenblick, zur Zeit der letzten Posaune. Denn es wird die Posaune erschallen, und die Toten werden auferstehen unverweslich, und wir werden verwandelt werden."*

Meinst Du nicht, dass dies etwas ist, auf das man warten kann? Wenn wir ein bisschen Verfolgung über uns ergehen lassen müssen und ein bisschen Trübsal und ein bisschen Aufregung und noch manch andere Dinge; danke Gott, wir haben etwas viel wunderbareres, nach dem wir ausschauen, welches uns helfen wird beim Siegen und Durchhalten. So schnell wie ein Augenzwinkern werden diese alten Leiber in einem Moment verwandelt werden.

Thomas, Augustinus, Calvin, Luther und Charles Wesley werden bei diesem Ereignis alle zusammen sein. Nicht nur alle von uns und jene, die wir kennen unter denen, die aus unserer Generation entschlafen sind, sondern alle seit dem Anfang der Kirche. Es ist gewaltig! „Sieh auf, erhebe dein Haupt, deine Erlösung naht herbei.“ Was kümmert uns schon ein bisschen Ärger, wenn dies das Ende davon ist? Kein Wunder, dass die alten Heiligen sagten: „Dies ist eine Hoffnung, die die Seele reinigt.“

Der Herr sagte: „Nicht ein Haar soll vergehen, selbst wenn du gefoltert wirst.“ Er sagte das in Verbindung mit dem Gestellt-Werden vor feindseligen Autoritäten und wodurch einige von Euch umkommen werden. Dann sagte Er: „Nicht ein Haar soll vergehen. Gewinnt durch Geduld eure Seelen.“ Ist es denn ein Wunder, dass uns gesagt wird, unsere Häupter zu erheben? Wenn sich die Köpfe der Menschen senken, dann tun sie dies aus Schwermut oder Trostlosigkeit. Eines der schönen Dinge in der charismatischen Erneuerung und das Anrufen des Geistes ist die Art, wie die Leute im Gebet ihre Häupter erheben. Wenn Du gerechtfertigt bist, kannst Du unbeschämt Dein Haupt erheben, weil Er Dich reinigte und Dich für gerecht erklärte. Ist es ein Wunder, dass der Herr uns sagt, unsere Häupter zu erheben? Sieh auf, schaue nicht umher; das ist bedrückend. Du musst nur die Verse lesen, die über das Menschenherz handeln, um vor Angst in Ohnmacht zu fallen und vor all dem, was geschieht. Schau auch nicht auf, um die Sterne, den Mond und die Sonne zu sehen, wie sie erschüttert werden, sondern sieh auf in jener geistlichen Weise, um den Herrn zu sehen. Erhebt Eure Häupter.

Lieber Herr, wir beten, dass wir nicht jene sein werden, die untergehen,

Nur wegen krankhafter Ängste

und einer Art negativer Annäherung an diese ganze Sache.

Wir haben über einige ernste Dinge geredet, Herr,

Und wir beten, dass wir nicht nur realistisch sind und uns den Ängsten stellen,

Sondern dass wir aufsehen und unsere Häupter erheben.

Möge dieser Gedanke - dass unsere Erlösung naht - uns gefangen nehmen,

Uns bewegen und uns beleben,

damit wir es um Deines Willens wegen verstehen, Herr,

und für das bereitet werden, welches Du für die Ewigkeit möchtest.

So bitten wir um dies alles mit Danksagung

im Namen unseres Herrn Jesus Christus.

Kapitel 6

Schaue aus und eile nach dem Tage von Gottes Kommen

Schriftlesung: 2. Petrus 3,12

2.Petrus 3,12: *„...die ihr das Kommen des Tages Gottes erwartet und erstrebt, an dem die Himmel vom Feuer zergehen und die Elemente vor Hitze zerschmelzen werden.“*

Wir sollen „ausschauen und das Kommen des Tages Gottes beschleunigen.“ Ist es nicht höchst interessant, tatsächlich lehrreich, wenn der Apostel über das große Feuer spricht am Ende des Zeitalters in lebhaftesten und auffallend wirklichkeitsnahen Ausdrücken, so weit es uns betrifft in der zweiten Hälfte des zwanzigsten Jahrhunderts, dass Er zu uns redet von „aufschauen und den Tag zu beschleunigen“? 'Beschleunigen` ist eine moderne Übersetzung. Es geht auch: „ausschauen und eilen bis zum Kommen des Tages Gottes.“

2.Petr 3,10-11: *„Es wird aber des Herrn Tag kommen wie ein Dieb; dann werden die Himmel zergehen mit großem Krachen; die Elemente aber werden vor Hitze schmelzen, und die Erde und die Werke, die darauf sind, werden ihr Urteil finden. Wenn nun das alles so zergehen wird, wie müsst ihr dann dastehen in heiligem Wandel und frommem Wesen.“*

Wenn wir das wirklich aufnehmen, was Petrus über das Ende des Zeitalters beschrieben hat, so kann man manche Gläubige gut verstehen, die ängstlich und sensibel werden gegenüber dem Herannahen diesen Tages. Es gibt viele, denen es kalt den Rücken herunter läuft, wenn sie solches lesen und ihre erste Frage ist: „Werden wir dabei sein?“ Es ist ein viel bequemerer Gedanke zu meinen, dass wir alle hinweggenommen sind lange bevor solches geschieht; wenigstens ein paar Jahre vorher. Somit versteh ich die nervöse Verständnisweise, die viele zu diesem Thema haben. Anstelle diesen Falles scheint es, dass in der Wortwahl, mit der der Apostel über das Kommen jenen Tages spricht, für den Gläubigen nicht Furcht und Zerstörung liegt, sondern Trost und Freude. Petrus hat dazu keineswegs eine ängstliche Einstellung.

1.Petr 3,13: *„Und wer ist's, der euch schaden könnte, wenn ihr dem Guten nacheifert?"*

Die Schlussfolgerung ist, dass es nichts zum Fürchten gibt, dass es nichts zum Zurückschrecken gibt, dass man sich darüber nicht den Kopf zerbrechen muss. Es hat zu tun mit Trost, Errettung, Erlösung und Freude für Gottes Volk. So sagt er, dass wir ausschauen sollen und herbeisehnen sollen das Kommen von diesem Tag, weil es für uns der glorreiche Beginn des Königreiches Gottes ist.

In einigen Bibelübersetzungen steht: „Suchen nach dem Kommen des Tages Gottes." Interessant ist auch eine andere Version: „Warten auf das Kommen des Tages Gottes." oder auch: „Vorausschauen auf das Kommen des Tages Gottes." und ebenso eine andere Übersetzungsmöglichkeit: „Sehet eifrig nach dem Kommen des Tages Gottes.". Das Wort bedeutet einfach ´auf etwas warten` oder ´erwarten` oder ´nach etwas ausschauen`.

Mt 11,2-3 *„Als aber Johannes im Gefängnis von den Werken Christi hörte, sandte er seine Jünger und ließ ihn fragen: Bist du es, der da kommen soll, oder sollen wir auf einen andern warten?"*

Warten wir aufeinander? Erwarten wir uns gegenseitig? Dieses Wort verwendete Petrus auch in seinem zweiten Brief.

2.Petr 3,13-14: *„Wir warten aber auf einen neuen Himmel und eine neue Erde nach einer Verheißung, in denen Gerechtigkeit wohnt. Darum, meine Lieben, während ihr darauf wartet, seid bemüht, dass ihr vor ihm unbefleckt und untadelig im Frieden befunden werdet, ..."*

Dieses Wort heißt im Duden buchstäblich ´auf etwas hindenken`. Was machst Du, wenn Du nach etwas ausschaust, wenn Du etwas erwartest, anderes als ´auf etwas hindenken`? Wir sollen „hindenken auf das Kommen des Tages Gottes". Wir schauen danach aus; nicht einfach in einer Vorstellung, so als ob wir auf ein Abenteuer warten oder einfach eine Art von Erquickung zu diesem Thema erwarten, sondern wirklich darauf hindenken, darüber nachdenken, oder nachsinnen über diese ganze Angelegenheit.

Das zweite verwendete Wort ist ´beschleunigen`, ´zu etwas hineilen`. Es wird auch mit ´ernsthaft wünschen` übersetzt; „das Kommen des Tages Gottes beschleunigen" ist eine Version; „arbeiten, um es herbei zu eilen"; ´eile es herbei`; ´treibe Sein Kommen an` ist eine weitere Übersetzungsweise. Das Wort bedeutet ´antreiben` oder ´herbeieilen`. Wir sollen es vorantreiben. Natürlich wird dies für manche sofort ein Problem aufwerfen. Denn wenn der Herr in Seiner Weisheit Zeichen und Zeiten gesetzt hat und der Vater allein den Tag kennt, wie ist dann das Vorantreiben des Kommens des Tages Gottes möglich? Wir müssen das zweite Wort in Verbindung mit dem ersten Wort sehen. Diese beiden Worte müssen geistlich verstanden in einer Beziehung zueinander gesehen werden. Wenn wir das Kommen des Tages erwarten, darauf hindenkend, dann werden wir alles in unserer Macht stehende tun, um seine Ankunft voran zu treiben.

Dieser Vers umfasst unsere ganze letzte Betrachtung zum Vorbereitet-sein zur Endzeit und dem Kommen des Herrn. Wir haben das Thema „Bereit sein, vorbereitet sein" betrachtet, das viel zu tun hat mit dem Hindenken auf das Kommen von jenem Tage. Wir müssen wach sein. Tausende von Christen werden an jenem Tage ihre Chance vergeben, weil uns die Bibel nicht nur einmal warnt, sondern immer wieder, dass dieser Tag wie eine Springfalle kommen wird und den Gläubigen so unerwartet einholen kann wie die Welt, wenn er oder sie nicht wach ist. An diesen Tag denken muss notwendigerweise bedeuten, dass wir nicht nur bereit sind, sondern auch wach und hellhörig sind den Herrn betreffend. Die andere Sache, die wir zu dem „Nicht-Festhalten an materiellen Besitztümern" erarbeiteten, hat etwas zu tun mit dem Hindenken auf das Kommen des Herrn am Tage des Herrn. Wenn wir diese ganze Sache mit dem Neid nicht ablegen, oder mit Habgier, oder materielle Dinge nicht auf ihren gebührenden Platz zurückstufen, dann sind wir dabei, unsere Chance zu verlieren.

Ebenso verweilten wir auf der Notwendigkeit von Klarheit, weil es sehr viele Sekten geben wird. Es wird viele geben, die verkündigen, die Vertreter Gottes zu sein; vieles wird es geben, das die richtige Interpretation von Prophetie zu sein behauptet. Es wird ein Bedarf an Klarheit geben und ein Bedarf an geistlichem Halt und Durchhaltevermögen. Das alles hängt an dem „Hindenken auf das Kommen des Tages“.

Wir alle müssen jene Art von Lehren leben und solchen Gottesdienst tun, die das Kommen des Tages beschleunigen. Mit anderen Worten: durch unsere Lebensweise, die wir leben; durch unsere Besitztümer, die wir in Christus besitzen; durch das Teilhaben an der göttlichen Natur; und durch seine Erfahrung. So wachsen wir an Gnade und Erkenntnis unseres Herrn und Erlösers und werden Sein Kommen beschleunigen. Wir werden in alles mitverwickelt sein, das notwendig ist für das Kommen jenes Tags.

Auf der anderen Seite davon steht das Verlangen von uns, jenen Gottesdienst zu tun, der das Kommen des Tages beschleunigt. Zum Beispiel ist es nicht gut zu sagen, dass wir sehr wohl wissen, dass das Evangelium in aller Welt gepredigt werden muss in allen Nationen zum Zeugnis, wenn wir nicht vorbereitet sind zu gehen. Du kannst reden bis Du schwarz wirst über das Kommen des Herrn - so wunderbar und aufregend das Thema auch ist - aber wenn Du nicht vorbereitet bist, um dem Heiligen Geist zur Verfügung zu stehen - der Dich wegschicken kann und das notwendige tut vor dem kommenden Tage - was nützt es? Wir fallen dann in jene Kategorie von Leuten, die sagen,“Herr, Herr, ...“ und trotzdem nicht unter Seiner Führung stehen; dann sind wir für Ihn nicht verfügbar. Wir glauben vielleicht, dass das Haus Gottes vervollständigt werden muss und bereitet wird für den Schlußstein am Ende des Baues; und die Braut des Lammes muss sich selbst bereit machen durch Zucht, Reinigung und Verbesserung und dem Zusammenbilden des Heiligen Tempels im Herrn. Aber wenn wir nur über das Kommen des Herrn nachdenken, schöne Lieder darüber singen und ganz verzückt werden, ohne jemals beteiligt zu sein mit der Erfüllung von Gottes Ratschluss, der das Haus Gottes betrifft, dann bedeutet unser Festhalten am Glauben und das Verzücktsein über das Kommen des Herrn sehr wenig.

„Das Kommen des Tages beschleunigen“ heißt, dass wir eine Lebensweise führen und einen Gottesdienst tun, die jenen Tag beschleunigen. Nun haben wir darüber in diesen Betrachtungen sehr ausführlich gesprochen. An manches wirst Du Dich erinnern von dem, was über die Gnade handelte, wodurch wir Gott einen wohlgefälligen Dienst tun. Das wurde gesagt im Kontext des letzten Erschütterns am Ende des Zeitalters. Wir sollen acht haben auf Gottes Haushalt. Wir sollen nicht unsere Versammlungen versäumen, wie es die Art von manchen ist; und dies um so mehr als wir sehen, dass der Tag herannaht. Wir sollen uns an das Haus des Herrn erinnern, das vervollständigt werden soll und dass das Evangelium gepredigt werden soll zum Zeugnis an alle Nationen.

Es gibt für uns gar keinen Anlass, das Kommen diesen Tages zu fürchten. Tatsächlich sollte es für die Erlösten im Herrn Grund zu viel Freude und Lob sein. Wenn wir nun Furcht in unseren Herzen fühlen, dann ist etwas verkehrt und es ist gut und richtig für uns, diese Furcht zu erkennen. Sei nicht schockiert, sondern siehe auf, erhebe Dein Haupt, denn Deine Erlösung naht herbei. Wir müssen uns unseren Ängsten stellen, die die Symptome sind und die Wurzeln unserer Ängste finden, die die Ursache sind. Wenn wir uns normalerweise fürchten, heißt das, dass wir hier unten viel zu viel machen. Materielle Dinge oder einfach die Beziehungen in unserem Leben besetzen einen Platz, welcher uns behindert. Wir müssen unsere Aufmerksamkeit nicht auf das Alte, sondern auf das siegreiche Kommen des Neuen richten. Ist es nicht wundervoll, wie der Apostel Petrus es ausdrückt: „Sondern ausschauend nach neuen Himmeln und einer neuen Erde, worin Gerechtigkeit wohnt.“ Anders formuliert: lasst uns nicht auf die Erschütterungen, Versuchungen und Trübsale am Ende des Zeitalters sehen, sondern lasst uns hindurchsehen zum Kommen der neuen Himmel und der neuen Erde, worin Gerechtigkeit wohnt.

Wir haben zu diesem Thema enorm viel geredet: „Warten auf und beschleunigen das Kommen des Tages Gottes." Denkst Du wirklich daran? Danke Gott, wenn Du es tust! Beschleunigst Du das Kommen von jenem Tage durch Deine Lebensweise, die Du führst und durch Deinen Gottesdienst?

Ziehe an den Brustpanzer aus Glaube und Liebe

1.Thess 5,8: *„Wir aber, die wir Kinder des Tages sind, sollen nüchtern sein, angetan mit dem Panzer des Glaubens und der Liebe und mit dem Helm der Hoffnung auf das Heil."*

Inmitten der wunderbaren Enthüllungen zum Kommen des Herrn sagt der Apostel, dass dieser Tag plötzlich kommen und die Welt überraschen wird. In diesem Lichte sagt er, dass wir den Brustpanzer des Glaubens und der Liebe anziehen sollen. Er mahnt uns, wach und hellhörig zu sein, wenn er vom Ende spricht.

1.Thess 5,4: *„Ihr aber, liebe Brüder, seid nicht in der Finsternis, dass der Tag wie ein Dieb über euch komme."*

Genauso wie Petrus uns zu diesem Tag des Kommens warnt, dass dieser kommen wird wie ein Dieb, warnt uns auch Paulus, dass dieser Tag wie ein Dieb in der Nacht kommen wird. Diebe, die in der Nacht kommen, kündigen sich normalerweise nicht an. Es würde die Trennung von Gewohnheit und Tradition sein, wenn ein Dieb eine Postkarte schicken würde, um Dich zu warnen, dass er Dir in einer bestimmten Nacht einen Besuch abstatten würde um Dich zu bestehlen. Diebe kommen, wenn Du es am wenigsten erwartest.

Ich erinnere mich dazu noch an früher, als ich und meine Schwester noch sehr jung waren. Unsere Mutter war weggegangen und eine Tante passte auf uns auf. Sie kam etwa um 3 Uhr morgens in mein Zimmer gelaufen und sagte: Steht auf! In der Straße ist irgend etwas los." Als ich sie fragte, was denn wäre, erzählte sie von schwarzen Autos und umherlaufender Polizei mit Taschenlampen und Hunden. So liefen wir natürlich in das Vorderzimmer und schauten aus dem Fenster. Meine Tante sagte: „Wer es wohl ist? Ob sie ihn wohl fangen werden? Wer wurde bestohlen?" Wir sahen die Lichter aufleuchten und die Hunde umher rennen. Wir sind bestimmt eine halbe Stunde an dem Fenster gestanden, um auf den gefassten Dieb zu warten oder zu wissen, in welches Haus eingebrochen wurde. Du weißt ja, wie neugierig alle Nachbarn sind. Dann fühlte sich meine Tante durstig und ging hinunter, um etwas zu trinken. Nach ein paar Minuten hörten wir den schrillsten Schrei, den man sich vorstellen kann. Sie stieg die Stufen herauf (sie war nicht besonders schnell), etwa wie eine Rakete zum Mondflug - sie berührte kaum die Stufen - und sagte: „Ach, er war in unserer Küche. Er hat das Essen gegessen und auf dem ganzen Boden lagen Zündhölzer. Natürlich kam sofort die Polizei. Er brach in dieser Nacht in dreizehn Häuser ein. Er ging einfach von einem Haus zum anderen. Er war ein ganz schön kluger Einbrecher.

Das war eine Erfahrung vom Dieb in der Nacht. Die Apostel Paulus und Petrus erzählen uns nun beide, dass der Herr kommen wird wie ein Dieb in der Nacht, dass dieser Tag kommen wird wie ein Dieb in der Nacht. Unser Herr selbst erzählte uns, dass wenn der Hausherr wissen würde, in welcher Stunde in sein Haus eingebrochen wird, würde er aufpassen. So mahnt uns der Apostel Paulus wach zu bleiben und nicht zu schlafen.

Paulus schreibt weiter, dass wenn wir zu den Erlösten im Herrn gezählt werden, sind wir alle „Söhne des Lichtes und Söhne des Tages". Ist das nicht ein bemerkenswerter Satz? Er sagt nicht: „Kinder des Lichtes oder Kinder des Tages." Er gebraucht das Wort ′Söhne`, womit er diejenigen meint, die schon heranwachsen und keine Babies mehr sind. Sie sind reif und etwas verantwortlich; sie sind aufgewachsen. „Söhne des Lichtes, Söhne des Tages" bedeutet, dass sie schon etwas Erfahrung haben; sie sind weiter gegangen mit dem Herrn, des Weges gewandert mit dem Herrn, geführt vom Herrn und gelehrt vom Herrn. Er sagt: „Wir sind weder von der Nacht noch von der

Dunkelheit." und seine Begründung dafür ist, dass wir nicht überrascht werden. Dieser Tag soll Dich nicht wie ein Dieb überraschen. Fühlst Du Dich bei dieser Aussage nicht etwas unbehaglich? Ich schon. Ich denke, dass jeder, der sich dieses Wort des Herrn zu Herzen nimmt, sich etwas unwohl fühlt. Warum legt der Herr solch einen Wert auf diesen Umstand? Warum legen die beiden Apostel Paulus und Petrus solch einen Wert darauf, wenn es nicht eine fürchterlich große Wahrscheinlichkeit gibt, dass sehr viele Gläubige davon genauso überrascht werden wie die Welt?

Wir können die Sache über Sein Kommen etwa so sehen wie eine Frau, die kurz vor der Geburt ihres Kindes steht. Es ist ein beachtenswertes Bild, weil nämlich die Hauptsache einer Frau kurz vor der Geburt ist, dass sie weiß, sie wird ein Kind haben. Ist das nicht interessant? Es ist nicht wie sonst, wo du vorher absolut keine Warnung hast. Wenn ein Baby geboren wird, weiß die Frau, die das Baby bekommt, dies ganz sicher. Es wäre ganz schön seltsam und im Gegensatz zu jeder menschlichen Erfahrung, wenn eine Frau kurz vor der Geburt steht und es nicht weiß. Dies würde voraussetzen, dass wir uns in einer falschen Sicherheit geborgen fühlen, weil wir zwar generell die Zeit des Kommens wissen, aber nicht wach bleiben. Eben genau unser Wissen, dass wir uns in den letzten Tagen befinden, uns in die letzte Phase hineinbewegen, kann uns in eine falsche Sicherheit geraten lassen. Bleibe wach!

Da wir des Tages sind, Söhne des Lichts, im Lichte wandeln, sollten wir gut und wirklichkeitsnah vorbereitet sein. Was will er mit den Worten sagen: „Da wir des Tages sind, lasst uns rein bleiben"? Ich glaube nicht, dass er einfach ´ernst und entschlossen` meint, sondern dass wir wirklich aktiv leben zu unserer Vorbereitung. Lasst uns nicht in eine falsche Sicherheit geraten, sondern wirklichkeitsnah sein in der Beschäftigung mit diesem Thema.

1.Thess 5,8: *„Wir aber, die wir Kinder des Tages sind, sollen nüchtern sein, angetan mit dem Panzer des Glaubens und der Liebe und mit dem Helm der Hoffnung auf das Heil."*

1.Thess 5,23-24: *„Er aber, der Gott des Friedens, heilige euch durch und durch und bewahre euren Geist samt Seele und Leib unversehrt, untadelig für die Ankunft unseres Herrn Jesus Christus. Treu ist er, der euch ruft; er wird's auch tun."*

Dies ist ein liebes Wort der Gnade, weil uns die erste Stelle vielleicht ängstigt. Daher sieht es für mich so aus, als ob darin eine Art Warnung steckt, etwas verlieren zu können; vielleicht etwas von unserer Belohnung verlieren können, etwas von unserem Erbe oder etwas verlieren an der Position, in die Gott uns bringen möchte in Seinem ewigen Reich, wenn wir nicht wach bleiben. Wenn diese wirklichkeitsnahe Vorbereitung sich in unserem Leben zeigen soll, dann müssen wir den Brustpanzer des Glaubens und der Liebe anziehen. Ich frage mich, wie viele wohl schon in dieser ganz besonderen Weise in Verbindung mit dem Ende darüber nachgedacht haben. Ich halte das für extrem hilfreich und belehrend, da unser Herr selbst uns ausdrücklich erzählte, dass die letzte Zeit gekennzeichnet sein wird von „der Liebe, die in vielen erkalten wird" und ebenso von dem Fehlen eines lebendigen Glaubens.

Mt 24,12: *„Und weil die Ungerechtigkeit überhand nehmen wird, wird die Liebe in vielen erkalten."*

Lk 18,1-8 *„Er sagte ihnen aber ein Gleichnis darüber, dass sie allezeit beten und nicht nachlassen sollten, und sprach:*

Es war ein Richter in einer Stadt, der fürchtete sich nicht vor Gott und scheute sich vor keinem Menschen. Es war aber eine Witwe in derselben Stadt, die kam zu ihm und sprach: Schaffe mir Recht gegen meinen Widersacher! Und er wollte lange nicht. Danach aber dachte er bei sich selbst: Wenn ich mich schon vor Gott nicht fürchte noch vor keinem Menschen scheue, will ich doch dieser Witwe, weil sie mir soviel Mühe macht, Recht schaffen, damit sie nicht zuletzt komme und mir ins Gesicht schlage.

Da sprach der Herr: Hört, was der ungerechte Richter sagt! Sollte Gott nicht auch Recht schaffen, die zu ihm Tag und Nacht rufen, und sollte er`s *bei ihnen lange hinziehen? Ich sage euch: Er wird ihnen Recht schaffen in Kürze.*

Doch wenn der Menschensohn kommen wird, meinst du, er werde Glauben finden auf Erden?"

Diese Worte haben uns vieles zu sagen, denn der Herr redet darin nicht über unerlöste Menschen. Er spricht über jene, die etwas Erfahrung haben mit lange anhaltendem und ernsthaftem Gebet, mit aufdringlichem Gebet; die so manches Anliegen vor die Gegenwart Gottes bringen und nicht davon ablassen, bis ihr Gebet Gehör gefunden hat. Dazu bedarf es Glauben - lebendigen Glauben, beständigen Glauben und anhaltenden Glauben.

Unser Herr sagte, dass es zum Ende des Zeitalters einen Mangel an zwei Dingen geben wird: Glaube und Liebe. Die Liebe wird in vielen erkalten, weil sie so desillusioniert und enttäuscht sind durch die Ungerechtigkeit von allen Seiten und durch deren Folgen in christlichen Organisationen und Institutionen sind, die sie einfach verlassen werden. Immer wieder ist solches geschehen in den Teilen der Welt, in denen es heftige Verfolgungen gegeben hat. Menschen waren so schockiert, dass es innerhalb der Kirche Betrüger und Verräter gibt. Das sind Menschen, die man für Christen hält und bei der Polizei jemanden anzeigen, einfach weil sie ihn nicht mögen oder weil sie jemanden auf ihre Seite ziehen wollen.

Ich erinnere mich an eine Geschichte aus erster Hand von einem jugoslawischen Bruder. In den Tagen der Straßenbahn ging eine Schwester die Straße entlang und sah, wie ein Mann niedergeschlagen wurde. Sie war entsetzt, als sie erkannte, dass dieser Mann umgebracht wurde und dann war sie noch mehr schockiert, als sie feststellte, dass er ein Ältester der Gemeinde war. Sie überquerte die Straße und erzählte den Herumstehenden, dass sie den Mann kannte und fragte, ob sie seine Tasche nehmen könne, die über die Straße geflogen war. Sie nahm die Tasche und ging zu einem anderen Ältesten, der die Tasche öffnete. Darin befand sich eine Namensliste aller Gemeindeglieder mit allem aufgezählt, was sie machten oder nicht machten. Er war auf dem Weg zur Geheimpolizei. Er wurde dazu gebracht, über die Kirche zu informieren und Gott ist eingeschritten und tötete ihn.

So etwas kann Gläubige desillusionieren. Es ist nicht einfach böse, es ist eine Schandtat. Wie kann Dir Dein eigener Bruder so etwas antun, so dass Du am Ende gar nicht mehr weißt, wer treu ist und wer nicht. Du weißt, dass es bei den Treffen Leute gibt, die spionieren. Bei Versammlungen in China, bevor diese ganz verboten wurden, wusste niemand während der Treffen, wem er wirklich vertrauen kann. Sie wussten es von bestimmten Leuten, aber sie wussten auch, dass Leute dabei waren, die alles beobachten und berichten würden. „Die Liebe wird in vielen erkalten."

Wenn Du erschöpft bist und der Druck ungeheuer groß wird, wenn es sich scheinbar zeigt wie mächtig Satan ist, dann ist die Zeit unserer Ohnmacht da. Wir haben über das Sich-sorgen geredet und wie es am Ende zu einem Erschöpftsein der Heiligen kommen wird. Ich hoffe, Du verstehst diese Dinge. Es wird einen Mangel an Glaube und Liebe geben. Im Kontext des Kommens unseres Herrn und diesen letzten Tagen ist es beachtlich, dass Paulus ausdrücklich durch den Heiligen Geist sagt: „Ziehet an den Brustpanzer aus Glaube und Liebe." Es ist ein Brustpanzer!

Im Lichte dieser Schriftstelle begeben sich viele Gläubige jedoch in Pessimismus. Sie meinen, dass es am Ende niemand mehr geben wird, der voller Liebe ist und niemand, in dem ein lebendiger Glaube ist. Dank sei Gott, dass der Apostel Paulus durch den Geist des Herrn davon zu uns gesprochen hat und das ganze Bild ausgleicht. Er beschreibt die Endzeit und dann sagt er uns, den Brustpanzer aus Glaube und Liebe anzuziehen. Anders gesagt wäre es möglich, durch die Gnade Gottes vollendet zu werden in der Liebe und einen starken und lebendigen Glauben zu besitzen inmitten der letzten Tage. Es ist tatsächlich so, dass sie stark sein und für den Herrn arbeiten können bis zum Kommen des Herrn.

Dieser Brustpanzer schützt den ganzen Körper vom Hals bis zum Bauch, welches der Hauptteil des Körpers ist. In Eph 6 schreibt uns Paulus den

Brustpanzer der Gerechtigkeit anzuziehen, welche ein Teil der Rüstung Gottes ist, und er spricht von dem „Schild des Glaubens, womit wir alle anfliegenden Pfeile des Bösen abwehren können." Es ist für mich beachtlich, dass er hier in diesem Kontext von lebendigem Glauben und göttlicher Liebe als einen notwendigen Schutz spricht. Dieser Brustpanzer muss angezogen werden ebenso, wie wir Jesus Christus über uns legen und genauso, wie wir die ganze Rüstung Gottes anlegen.

Unglaube, böse Herzen und christlicher Zynismus stellt uns bloß. Gott fordert uns auf etwas zu tun und wir sagen: „Nein! Ich werde nie fähig sein, solches zu tun." So werden wir bloßgestellt. Die schnellste Art und Weise, bloßgestellt zu werden ist es, dem Diktat eines bösen Herzens im Unglauben zu folgen. Und die schnellste Art und Weise sicher zu sein ist es, den Brustpanzer des Glaubens anzulegen.

Lass es mich etwas anders sagen: Eifersucht, Absplitterung, Klatsch, Verleumdung, Entfremdung und Bitterkeit sind die Dinge, die uns bloßstellen. Sie setzen uns den Angriffen des Feindes ungeschützt aus. Ich halte diese Sache für enorm wichtig, weil es eben dieses Bloßstellen ist oder dieses Ausgesetzt-sein, das den Mächten der Dunkelheit die Möglichkeit gibt, in unserem Leben einen Angriffspunkt zu finden. Das Wort Gottes sagt: wenn wir nicht einander vergeben, wird uns auch unser himmlischer Vater nicht vergeben. Unsere Gebete werden nicht erhört. So einfach ist das. Doch wenn wir ein mit göttlicher Liebe erfülltes Herz haben, dann tragen wir einen Schutz. Es ist der „Brustpanzer aus Glaube und Liebe" und der Feind kann einfach nicht eindringen. Wie wichtig es somit doch ist, etwas von Glauben zu lernen und etwas von dieser Liebe zu kennen.

1.Thess 1,3: *„... und denken ohne Unterlass vor Gott, unserm Vater, an euer Werk im Glauben und an eure Arbeit in der Liebe und an eure Geduld in der Hoffnung auf unsern Herrn Jesus Christus."*

Das ist nicht das gleiche. „Ziehe an den Brustpanzer des Glaubens und der Liebe und als einen Helm die Hoffnung der Erlösung.“ Dann sagt er: „... denken ohne Unterlass an euer Werk im Glauben und an eure Arbeit in der Liebe und an eure Geduld in der Hoffnung.“ Interessant: es kann kein Werk geben das Gott wohlgefällig ist, welches nicht das ′Werk des Glaubens‵ ist und es kann kein ′Werk im Glauben‵ geben ohne die ′Arbeit in der Liebe‵. Und niemand wird durchhalten ohne die ′Geduld in der Hoffnung‵.

Kol 1,4-5: *„... da wir gehört haben von eurem Glauben an Christus Jesus und von der Liebe, die ihr zu allen Heiligen habt, um der Hoffnung willen, die für euch bereit ist im Himmel. Von ihr habt ihr schon zuvor gehört durch das Wort der Wahrheit, das Evangelium, ...“*

Glaube, Liebe, Hoffnung - hier sind wieder diese drei aufgezählt. Es ist, als ob der Apostel Paulus diese drei immer bei sich trägt.

1 Kor 13,13: *„Nun aber bleiben Glaube, Hoffnung, Liebe, diese drei; aber die Liebe ist die größte unter ihnen.“*

Gal 5,6: *„Denn in Christus Jesus gilt weder Beschneidung noch Unbeschnittensein etwas, sondern der Glaube, der durch die Liebe tätig ist.“*

Wir sollen auch „als einen Helm die Hoffnung der Erlösung tragen“. Es gibt für den Geist keinen anderen Schutz. Was ist die Hoffnung der Erlösung? „Ich habe die unklare Hoffnung, dass ich erlöst bin.“ Das ist nicht die ′Hoffnung der Erlösung‵! Diese Hoffnung ist eine sichere und bestimmte Hoffnung; etwa genauso wie wir wissen, dass morgen die Sonne aufgehen wird. Es ist eine klare, bestimmte Sache und so warten wir mit Hoffnung darauf. Das ist jene Art von Hoffnung, um welche es hier geht. Wir wissen, dass der Herr kommen wird und wenn der Herr kommt, ist es die letzte Berührung zu unserer Erlösung. Wir wissen, dass der Herr kommt und schließlich werden wir erlöste Leiber haben. Das ist die ′Hoffnung der Erlösung‵.

Es ist sicherlich beachtenswert, dass diese drei Worte - Glaube, Liebe, Hoffnung - hervorgehoben werden in Verbindung mit den letzten Tagen. Es ist für uns tröstend zu wissen, dass wir nicht unbedingt zu jenen gehören müssen, deren Liebe erkaltet oder zu jenen, deren Glaube nur ein äußerlich sichtbarer ist ohne Kraft! Anstatt dessen können wir durch Gottes Gnade zu den Überwindern gezählt werden. Wieder einmal werden wir von Paulus daran erinnert, wie auch von Petrus etwas früher, dass für den wahren Gläubigen das Ende nicht mit Horror oder Furcht betrachtet werden sollte, sondern mit Freude und Erwartung.

1.Thess 5,9-10: *„Denn Gott hat uns nicht bestimmt zum Zorn, sondern dazu, das Heil zu erlangen durch unsern Herrn Jesus Christus, der für uns gestorben ist, damit, ob wir wachen oder schlafen, wir zugleich mit ihm leben."*

Hast Du Deine Erlösung nicht schon bekommen? Was bedeutet das: „Er hat uns dafür ausersehen, durch unseren Herrn die Erlösung zu empfangen"? Es bedeutet das abschließende Ende zu erreichen. Das ist es, was das Kommen des Herrn für uns bedeutet - ein neuer Leib im Augenblick eines Augenzwinkerns. Das ist eine glorreiche, wundervolle Aussicht!

1. Thess 4,13-18: *„Wir wollen euch aber, liebe Brüder, nicht im Ungewissen lassen über die, die entschlafen sind, damit ihr nicht traurig seid wie die andern, die keine Hoffnung haben. Denn wenn wir glauben, dass Jesus gestorben und auferstanden ist, so wird Gott auch die, die entschlafen sind, durch Jesus mit ihm einherführen. Denn das sagen wir euch mit einem Wort des Herrn, dass wir die wir leben und übrigbleiben bis zur Ankunft des Herrn, denen nicht zuvorkommen werden, die entschlafen sind. Denn er selbst, der Herr, wird, wenn der Befehl ertönt, wenn die Stimme des Erzengels und die Posaune Gottes erschallen, herabkommen vom Himmel, und zuerst werden die Toten, die in Christus gestorben sind, auferstehen. Danach werden wir, die wir leben und übrigbleiben, zugleich mit ihnen entrückt werden auf den Wolken in die Luft, dem Herrn entgegen; und so werden wir bei dem Herrn sein allezeit. So tröstet euch mit diesen Worten untereinander."*

Sei ein Überwinder durch die Gnade Gottes

Offbg 12,11: *„Und sie haben ihn überwunden durch des Lammes Blut und durch das Wort ihres Zeugnisses und haben ihr Leben nicht geliebt, bis hin zum Tod.“*

Wir kommen zum Ende dieser Betrachtungen. Aber eines ist gewiss klar geworden, nämlich dass wir die Endzeit nicht in dunklem und hoffnungslosem Licht sehen müssen. Es gibt eine andere Seite zu diesem Bild: da ist die Braut des Lammes, die sich selbst bereitet; da ist das Geheimnis Gottes, fertig und vollendet, genauso wie es im Evangelium aufgeschrieben ist; da ist das vollendete Haus des Herrn; die Decke über dem jüdischen Herz weggenommen; die Gott kennen, werden stark und führen große Leistungen aus; das Evangelium wird in allen Nationen gepredigt als ein Zeugnis, bevor das Ende kommt; und die Zeit kommt, in der die Heiligen das Königreich einnehmen. Alle diese wunderbaren Ereignisse haben mit dem Ende zu tun und das ist die andere Seite der Medaille.

Alles dies ist zusammengefasst in Offbg 12. Es gibt zahlreiche Wege, auf welchen dieses Kapitel oder diese Version interpretiert werden kann, aber wie auch immer wir es interpretieren, eines wird dabei unübersehbar klar. Trotz schrecklichem Krieg und Konflikt sowohl im Himmel und auf Erden gemäß den Versen 7, 8 und 9, trotz dieser alten Schlange, dem Teufel, dem Drachen, Satan, dem Verführer der ganzen Welt, trotz fürchterlicher, satanischer Feindschaft, fortwährender Anklage und Verachtung, gibt es wahre Überwinder inmitten dieser ganzen Ereignisse. In Offbg 13 sehen wir ein weltweites System, das von dem Antichristen regiert wird mit dem Zeichen des Tieres, so dass niemand kaufen oder verkaufen kann, wer nicht registriert ist und das Aufkommen des falschen Propheten, welcher das Mundstück des Antichristen sein wird. Genauso sehen wir, wenn wir zu Offbg 14 kommen, eine große Zahl von Überwindern, die vor dem Thron und vor dem Lamm stehen und es wird uns erzählt, dass dies jene sind, die dem Lamm überall hin gefolgt sind.

Außerdem sind uns zu unserer Belehrung drei notwendige Bestandteile für das Überwinden gegeben; und diese Bestandteile nützen in jeder Periode des Zeitalters, besonders in der letzten Phase des Zeitalters. Es ist nicht ganz so wichtig, wie wir diese Visionen interpretieren: diese drei Bestandteile haben in jedem Fall in ihnen den gleichen Stellenwert.

Das Blut des Lammes

„Sie überwanden Satan durch das Blut des Lammes." Es mag uns hilfreich sein, klarer über das uns reinigende Blut nachzudenken; denn tatsächlich ist das Blut des Lammes nur ein anderer Ausdruck für das fertige Werk Christi. Das ist sehr wichtig. Das vergossene Blut des Lammes ist das Zeichen und Siegel, dass das Werk vollendet ist. Er starb und beendete das Werk unserer Erlösung und wenn es heißt, dass sie überwanden durch das Blut des Lammes, bedeutet dies, dass die Wirksamkeit von diesem beendeten Werk, die Macht dieses beendeten Werkes, der Wert dieses beendeten Werkes, und der Einfluss dieses beendeten Werkes, sich nie vermindern wird!

Manchmal sagen Leute, dass sie das Blut nehmen, aber tatsächlich ist es der Name des Herrn, der unsere große Burg ist. Das ist es, worin wir sicher sind. Natürlich sind wir durch das Blut des Lammes sicher, solange wir es verstehen als ′das beendete Werk`. Wenn wir vom Blut des Lammes sprechen oder einfach das Blut sagen, bedeutet es, dass wir vor dem beendeten Werk des Lammes stehen! Es ist vollbracht! Es ist vollendet! Da gibt es nichts hinzuzufügen. Gott hat das Blut an den Oberschwellen gesehen und geht an uns vorüber. In gewissem Sinne wäre es dumm, von den Kindern Israels zu sprechen über das Blut, das ihnen überall hin folgt. Das Blut war an der Oberschwelle der Türen und an den Türpfosten, und der Engel des Todes sah es und ging vorüber; aber es war das Lamm, das die Grundlage für ihr ganzes Leben war: die Vollendung all ihres Schicksals und ihres Dienstes.

Innerhalb dieses beendeten Werkes des Lammes, des beendeten Werkes Christi, im Blut des Lammes, ist alles was wir benötigen zur Rechtfertigung, Heiligung und Verherrlichung. Nicht ein kleinster Teil muss hinzugefügt werden. Alles, was Du brauchst, um von Deinen Sünden loszukommen, damit die Erinnerungen daran ausgelöscht werden und Du für gerechtfertigt erklärt wirst, so als ob Du nie gesündigt hättest, makellos aus der Sicht Gottes, ist in dem beendeten Werke Christi vollbracht worden. Auch das kleinste, das Du und ich brauchen, um weiterzukommen in der Fülle des innewohnenden Christus, den innewohnenden Geist zu kennen, zu wissen was es heißt ein Teilhaber an der göttlichen Natur zu sein, zu kennen die Macht eines unendlichen Lebens, zu kennen das Auferstehungsleben Christi, alles was Du und ich brauchen solches zu erfahren, haben wir erhalten in dem beendeten Werke des Lammes.

Der Teufel kann nichts tun. Er wird versuchen, Dein Eifer ins extreme zu steigern, Deine Frömmigkeit, Deine eigene Gütigkeit, Deine Besserung, oder auch etwas anderes. Du kannst sogar das Bibellesen und Beten ins extreme steigern. Dies ist alles sehr wichtig, aber wenn Du das zur Grundlage für Gott machst, Dich zu rechtfertigen, bist Du sofort entfremdet. Du wirst nichts wissen vom Auferstehungsleben Christi, wenn Du diese Dinge zu Deiner Grundlage machst. Das ist, als ob Du Dich bei Gott einschmeicheln möchtest oder als ob Du so gewinnst, vor Gott akzeptiert zu werden. Der Teufel weiß es und wenn er uns in der Sache des Blutes des Lammes schwächen kann, wenn er uns in der Sache des beendeten Werkes Christi schwächen kann, sind wir erledigt, sind wir beendet! Der Ankläger der Brüder wird kommen mit all seiner Gewandtheit, seiner ganzen Klugheit und mit seinem Scharfsinn, uns täglich Lügen einzuflößen, Verachtung und Anklage. Am Ende liegen wir am Boden. Wir sind fertig! Wie wunderbar ist es daher, wenn der Feind sagt, Du wärest nicht eifrig genug und Du versteckst Dich hinter dem beendeten Werke Christi; oder der Feind kommt und sagt, Du bist nicht fromm genug und Du versteckst Dich hinter dem beendeten Werke Christi. Das bedeutet nicht, dass Du teilnahmslos und gleichgültig sein kannst. Niemand würde sich in dem beendeten Werk des Lammes verstecken, der teilnahmslos und gleichgültig ist. Nie! Wenn wir doch nur das Blut des Lammes kennen würden! Welch enormes Fundament für den Sieg!

Hast Du schon einmal nach Heiligung gestrebt, indem Du dies oder jenes tust indem Du zurückkehrst zum alten System des Buße-tun und im-Fleische-leiden und tausende von anderen Dingen? Mein lieber Freund, wenn Du solches tust, dann bist Du soweit weg vom Evangelium, wie es nur möglich ist, obwohl Du erlöst bist. Du hast das Evangelium nicht verstanden. Natürlich sollst Du ein heiliges Leben führen; natürlich sollst Du ein gerechtes Leben führen; natürlich sollst Du fromm sein; natürlich sollst Du das Wort studieren; natürlich sollst Du beten; natürlich sollst Du nicht ablassen von den Versammlungen mit anderen; aber die Grundlage Deiner Rechtfertigung und Heiligung ist, dass Christus für Dich gestorben ist und alles, auch das kleinste, gewonnen hat das Du brauchst, um vor einem Heiligen Gott zu stehen, jetzt und für alle Ewigkeit. Der Wert dieses beendeten Werkes wird sich nie vermindern. Es wird nie abgewertet werden. Es bleibt ein wirksamer und mächtiger Kampf durch alle Zeitalter und die kommende Ewigkeit. Denn als die Grundlage eines neuen Himmels und einer neuen Erde steht ein kleines Lamm, das geschlachtet worden ist.

Fühlst Du die Notwendigkeit, die Salbung des Geistes zu kennen? Es gibt solch eine Erfahrung. Laß Dich nie davon abbringen von jemand der behauptet, es gäbe das nicht. Du beginnst zu allen Konferenzen zu gehen; Du bringst diesen oder jenen Mann dazu, dass er Dir die Hände auflegt. Du schaffst es, dass alle ihre Hände auf Dich legen und trotzdem spürst Du nichts. Nun liest Du dieses Buch und Du liest drei Punkte und die vier Stufen und Du nimmst sie alle und noch nichts passiert. Und Du sagst: „Oh Mann, ich werde nie bis zum Ende des Zeitalters durchkommen, wenn ich nicht erfüllt bin vom Heiligen Geist.“ Mein lieber Freund, alles was Du haben wirst, ist eine vorgetäuschte Erfahrung von Gefühl und Wind, wenn Du nicht vorsichtig bist. Du machst Deine eigene Güte und Deinen eigenen Eifer zur Grundlage anstelle von dem Lamm des Blutes. Wenn Du aber als Sünder, erlöst durch Gnade, vor Gottes Gegenwart stehst und Dein Erbe beanspruchst, wirst Du eine Befreiung des Geistes kennen, wie Du sie nie zuvor erkannt hast. Gott kann es nicht verwehren, auch wenn Er Dich warten läßt. Manchmal fragen Leute, warum Er sie warten lässt. Er lässt sie warten, um zu sehen, ob sie auf der Grundlage des Blutes des Lammes stehen. Jene Leute, die die tiefsten und klarsten Erfahrungen mit dem Heiligen Geist gehabt haben, sind fast alles Menschen, die nicht eine Erfahrung in einer sehr gefühlvoll überladenen Atmosphäre gehabt haben. Jeder, den ich kenne, der wirklich eine Erfahrung der Macht und Salbung mit dem Heiligen Geist hatte, ist oft allein gewesen und nach viel Forschen und Suchen, haben sie gesehen, dass das Versprechen des Vaters auf der Grundlage des beendeten Werkes Christi erhalten wird.

Mein liebes Kind, was brauchst Du noch? Jemand sagte mir: „Ich brauche keine Salbung mit dem Heiligen Geist; offen gestanden sollte ich tot sein.“ Na ja, da kann ich zustimmen. „Ich sollte wissen was es heißt, mit Christus gekreuzigt zu sein.“ Wenn dies nur alle wüssten! Würde es nicht eine Erleichterung sein? Welch eine Befreiung! Unser Problem ist, dass unser altes Ich lebendig ist und so sagen wir: „Ich weiß, was ich tun werde; von nun an werde ich mich in Schwarz kleiden. Ich werde nicht mehr jene freudigen Choräle und Hymnen singe. Ich werde rein sein, ich werde ernst sein. Ich werde gebrochen sein.“ So kommt mancher herein und sitzt da mit dem Kopf in den Händen. Für solchen ist es das Kopf-hängen-lassen und dergleichen. Das charismatische ist nichts für ihn und auch nicht das Erheben des Hauptes. Für ihn gibt es nur das. Jene tun mir so leid. Ich treffe einen nach dem anderen von solchen und jeder lässt den Kopf hängen. Es ist wahr, dass es neben dem Schönen auch die Reue gibt, aber das ist nicht das Gekreuzigt-sein mit Christus; es ist ein Fleischeswerk und das ist ein Gottesdienst nach eigenem Willen. Der einzige Weg, auf dem Du und ich jemals wissen werden, was es heißt, mit Christus gekreuzigt zu sein ist, wenn wir sehen, dass das Werk vollbracht ist. In diesem Moment, in dem wir mit dem Auge unseres Herrn sehen, dass wir vor Tausenden von Jahren mitgenommen wurden zum Kreuze Christi, dann werden wir es erfahren und wissen, welch eine Befreiung es für uns ist. Es ist das Blut des Lammes; es ist das beendete Werk Christi. Innerhalb dieses Werks gibt es eine Befreiung von der Selbstgerechtigkeit.

Was ist Verherrlichung? „Eines Tages vielleicht, wenn ich gut genug bin, werde ich in Herrlichkeit scheinen.“ Es muss Dir ein anderer Gedanke kommen. Wenn dies Deine Grundlage für Herrlichkeit ist, dann wird davon herzlich wenig in Dir sein. Die Grundlage für Herrlichkeit ist das Blut des Lammes und das, was Du dem Heiligen Geist erlaubt hast in Deinem Leben zu tun in diesen wenigen Jahren in der Zeit. Ich hoffe Du erkennst, wie wichtig dies ist. Sieg wird immer gefunden in dem beendeten Werke Christi. Die Grundlage für alles und jeden Teil ist nie unser Eifer oder unsere Güte oder unsere Frömmigkeit oder unsere Werke, sondern einzig und allein das Blut des Lammes. Es gibt keinen anderen Weg zur Überwindung.

Das Wort von ihrem Zeugnis

Der zweite Bestandteil ist unser Bekenntnis mit unseren Lippen der Wahrheit. Es ist nicht das Gebet, es ist nicht die Bitte, es ist nicht der Ausdruck von etwas unklar Erhofftem, wie etwa vom Herrn gebraucht zu werden oder mit dem Herrn eins sein. Es scheint sehr demütig zu sein, doch ist das nicht das Wort ihres Zeugnisses. Das ist die Äußerung von Tatsachen. Und was sind die Tatsachen? Das Wort Gottes! Zu einer wahren Bekehrung muss sowohl das Bekenntnis mit den Lippen da sein als auch Glaube im Herzen. Ist hier irgend jemand nur zur Hälfte erlöst? So oft glaubt ein Mensch im Herzen, bekennt es aber nie mit den Lippen. In gewissem Sinne ist er nur zur Hälfte erlöst.

Röm 10,9: *„Denn wenn du mit deinem Munde bekennst, dass Jesus der Herr ist, und in deinem Herzen glaubst, dass ihn Gott von den Toten auferweckt hat, so wirst du gerettet.“*

Das ist nicht nur zu Beginn des christlichen Lebens wahr; es ist ein Prinzip während dem ganzen christlichen Leben hindurch. Wenn wir unseren Glauben sprechen lassen, wenn wir das Wort Gottes in uns sprechen lassen, wenn wir die Wahrheit, wie sie in Christus ist, sprechen lassen, gewinnen wir unausweichlich den Sieg. Manchmal tun wir das, wenn wir anbeten. Wenn jemand anbetet, gebraucht er nicht unklare Hoffnungen. Wenn Du anbetest, dann sagst Du: „Oh Herr danke, dass Du mich erlöst hast.“ Das ist das Wort Deines Zeugnisses. Oder Du sagst: „Herr, wir sind eins mit Dir.“ Du sagst nicht: „Oh lieber Herr, wir fühlen uns heute nicht so gut. Wir hoffen, dass wir eins mit Dir sind.“ Du sagst: „Herr, wir sind eins mit Dir, wie wunderbar! Du bist in mir und ich in Dir.“ Das fundiert nicht auf Gefühlen; er ist das Wort Deines Zeugnisses.

In dem Moment, in dem Du Dein Zeugnis aussprichst, hast Du den Sieg gewonnen. Deswegen finden wir immer wieder im Gebet, dass der Weg sich öffnet, wenn wir so den Herrn anbeten. Hast Du das gefühlt? Manchmal kommst Du in eine Gebetszeit und alles ist so schwer. Dann beginnst Du zu loben und den Herrn anzubeten. Was Du tatsächlich tust, ist Dein Zeugnis zu geben. Du bekennst etwas Wahres, und der Feind muss immer weiter zurückweichen. Er kann zu solcher Zeit nicht standhalten, weil es das Wort Deines Zeugnisses ist. Wenn wir dies nur lernen würden!

Manchmal haben wir dies nicht nur mit Fleisch und Blut zu tun, sondern mit den unsichtbaren Mächten. Manche denken, dass das Wort des Zeugnisses nur mit jenen zu tun hat, die aus Fleisch und Blut sind, die Ohren haben zu hören und Augen zu sehen und Hände zu fühlen. Aber das ist nicht so. Es gibt eine Menge Fürstentümer und Mächte, Weltregenten der Dunkelheit, geistliche Heere des Bösen, und wenn wir mit unseren Lippen bekennen: „Jesus ist Herr“, ist es wie ein Schwert, das durch sie fährt. Wenn wir sagen: „Sei Herr“, ist das nicht das gleiche, aber wenn Du sagst: „Du bist es, Herr“, ist ein Weg durch sie hindurch gemacht. Es ist das Wort Deines Zeugnisses.

Zum Überwinden brauchen wir mehr als Gebet; müssen die Tatsachen klarstellen. Danke Gott für diesen Bestandteil der Überwindung. Erinnere Dich daran in noch kommenden Tagen, wenn Du Dich so schwach fühlst, wenn Du Dich ganz allein fühlst und wenn der Feind Dich vollkommen umzingelt zu haben scheint, dann erinnere Dich daran, mit Deinen Lippen die

Tatsachen zu bekennen und das wird Dein Ausweg sein. Es ist alles ein Teil des Blutes des Lammes. Das Wort ihres Zeugnisses fundiert auf dem Blut des Lammes.

Sie haben ihr Leben nicht geliebt bis hin zum Tod

Es gibt keinen anderen Weg zum Sieg außer unser Leben zu lassen um Seinet und des Evangeliums Willen. Das Eigenleben mit all seinen vielen Verzweiflungen - Selbstgenuss, Selbstbewahrung, Selbstfindung - ist immer und wird immer der Boden sein für den Feind, sogar im Christen. Um Christus zu folgen, um im Gefolge Seines Triumphes zu laufen, und um mehr zu sein als Eroberer in und durch Ihn, müssen wir uns selbst verleugnen und unser Kreuz aufnehmen. Das kann Martyrium im letzten Schritt bedeuten; und es ist interessant, dass im Griechischen das Wort für ´Martyrium` das gleiche ist. Martyrium ist in Wirklichkeit das deutsche Wort. Jeder, der sich selbst liebt und sich selbst bewahren will, wird nicht ein Märtyrer werden. Wenn die Zeit der Entscheidung kommt, werden sie eher Glück und Bewahrung wählen als den Herrn und die Wahrheit.

Liebe Freunde, Märtyrer werden nicht über Nacht gemacht. Auch ist nicht jeder Märtyrer jemand, der physisch gestorben ist. Ein Märtyrer zu sein hat zu tun mit Geist und Charakter, und notwendigerweise ist das der Fall, wenn auf sich selbst verzichtet wird. Wenn jemand vorbereitet ist, sein eigenes Leben um Christi und um des Evangeliums Willen zu verlieren, in diesem Moment hat er das ewige Leben gefunden. Er hat schon überwunden, weil er, indem er sein Leben verliert, sein Leben aufnimmt. Das ist der Grundsatz von Golgatha. Du gehst abwärts, um aufzusteigen; Du wirst schwach, um stark zu werden; Du bist gebrochen um wahrhaftig eins zu werden. Das ist der Grundsatz. Sehr wenige sind vorbereitet, diesen Weg zu gehen, aber es ist ein dritter und notwendiger Bestandteil im Überwinden. Selbst wenn es im letzten

Schritt Martyrium bedeutet: „nicht ein Haar von Eurem Haupt wird verloren gehen." sagte unser Herr genau in dieser Verbindung.

Wir kommen zum Ende unserer Betrachtungen und ich bete, dass diese in großer Schwachheit gesprochenen Worte, doch nichtsdestoweniger gesprochen im Heiligen Geist entschlossen vor Gott, wie ich glaube, für alle Zuhörer sehr viel bedeuten wird bis zum Ende des Zeitalters. Lange nachdem meine Stimme verstummt ist, werden diese Worte, die Du in diesen Betrachtungen gehört hast, hoffentlich in Deinem Herzen und im Gedächtnis bleiben durch den Geist Gottes und das Mittel zu viel Hilfe werden, wenn wir nicht in der Lage sein werden, uns zu treffen oder vielleicht Freundschaft untereinander zu haben. Mögen wir alle vorbereitet werden für die kommenden Zeiten und dafür das Erscheinen unseres Herrn in Herrlichkeit. Lasst uns beten:

Vater, wir beten zusammen, Dass Du diese Betrachtungen jedem vor Augen halten wirst.

Wir können nicht alles behalten, was wir während dieser ganzen Wochen gehört haben, Aber Herr, Du kannst die Eindrücke in unserem Herzen lebendig halten Und sie in Leben und Offenbarung zurückholen In Zeiten, in denen wir brauchen, was wir gehört haben.

Doch Herr, um was wir vor allem beten ist, dass wir alle für die kommende Zeit vorbereitet werden. Mögen wir jene sein, die wirklich auf das Kommen des Tages des Herrn hindenken und es beschleunigen.

Mögen wir jene sein, die den Brustpanzer des Glaubens und der Liebe anziehen und als einen Helm die Hoffnung auf Erlösung. Mögen wir jene sein, die überwinden.

Wegen dem Blute des Lammes und wegen unserem Wort des Zeugnisses Und weil wir unser Leben nicht lieben bis in den Tod.

Oh Herr, erhöre und gewähre unser Gebet, Denn wir bitten im Namen unseres Herrn Jesus Christus. Amen.

Zur Person Lance Lambert

Lance Lambert wurde im Jahre 1931 geboren und wuchs auf in Richmond, Surrey. Im Alter von zwölf Jahren fand er zum Herrn und besuchte später das Institut für Afrikanische und Orientalische Studien an der Universität London, um sich für die Arbeit in China vorzubereiten. Er studierte klassisches Chinesisch, Mandarin, orientalische Philosophie und die Geschichte des Fernen Ostens; doch die Revolution hatte ihm für seinen Einzug in China die Tür verschlossen.

Lance leistete seinen Armeedienst von 1950 bis 1952 in Ägypten und gründete nach seiner Rückkehr in England das Halford House Christian Fellowship in Richmond. Von 1967 an begann er damit, Israel regelmäßig zu besuchen. Im Jahre 1980 wurde er israelischer Staatsbürger und wählte seine Heimat etwas außerhalb der Altstadt Jerusalems. Als vielbeachteter Gelehrter und Bibelkenner verstarb er im Jahre 2015.

Viele weitere Titel können über Lance Lambert Ministries und weitere Bezugsquellen bezogen werden.